PAUL DEMERS

La maison d'édition L'Interligne reçoit une aide financière du Conseil des Arts du Canada et du ministère de la Culture et des Communications de l'Ontario.

Données de catalogage avant publication (Canada)

Albert, Pierre, 1959-

Paul Demers

ISBN 2-921463-00-8

1. Demers, Paul. 2. Chanteurs – Ontario – Biographies. I. Demers, Paul II. Titre.

ML410.D38A5   1992   782.42164'092   C92-090113-1

Couverture : Paul Demers au Festival franco-ontarien

Les Éditions L'Interligne
Case postale 358, succursale A
Ottawa (Ontario) K1N 8V3

Copyright © Les Éditions L'Interligne, Ottawa, 1992
Dépôt légal : Bibliothèque nationale du Canada, 1992

ISBN 2-921463-00-8

Pierre Albert

PAUL DEMERS

ÉDITIONS L'INTERLIGNE
1992

Toute création est un acte d'amour.
Mikel Dufrenne

*Music is your own experience,
your thoughts, your wisdom...
If you dont live it,
it won't come out of your horn.*
Charlie Parker

Pour
Magali
Karina
et
Stéphanie

Introduction

Un ouvrage documentaire sur un artiste âgé de 35 ans seulement! Un tel *document'art* n'est-il pas un peu prétentieux? Non, du moins pas lorsqu'il s'agit de Paul Demers.

De tous les artistes que connaît présentement l'Ontario français, le chanteur Paul Demers est probablement celui qui incarne le plus directement et le plus manifestement la spécificité franco-ontarienne. Avec des chansons comme *Un jour j'irai dans le Nord*, *Mademoiselle* et *Notre place*, il a su élever le vécu quotidien de toute une communauté au rang de symboles qui traduisent une fierté et un enracinement français.

Les critiques et les journalistes ont été unanimes à souligner le rôle joué par un si jeune artiste sur la scène franco-ontarienne. «À coup de poésie, à force de mélodie, il fait vibrer les Franco-Ontariens depuis plus de dix ans», écrit Andrée Poulin, du journal *Le Droit*. Elle n'hésite pas à ajouter que Paul Demers a clamé très haut, «en paroles et en musiques, la fierté d'être Franco-Ontarien et la nécessité de l'affirmer». Certains lui reconnaissent dès lors un rôle de porte-étendard de la cause franco-ontarienne, d'autant plus qu'il affirme lui-même que «chanter en français en Ontario, c'est un acte presque politique».

Mais prendre le micro revêt aussi une autre importance pour Paul Demers qui souhaite faire à ses semblables ce que des artistes comme Robert Paquette ou le groupe CANO ont pu lui faire lorsqu'il était jeune : «donner une certaine fierté de pouvoir vivre et faire des choses en français en Ontario sans être quétaine ou complexé», confiera-t-il à *CLIK*, le magazine jeune et franco-ontarien.

Une autre journaliste et critique, Paule La Roche, va même jusqu'à décrie les traits physiques du chanteur, avouant que les grands yeux sombres de la vedette semblent poser sur toute chose un regard calme, grave et réfléchi. Ce regard à la fois magnétique et intriguant étonne la journaliste du *Droit;* elle n'est pas sans constater que Paul Demers y couve ce qu'il a de plus précieux : «son attachement à la vie, son attitude positive devant elle, depuis que la maladie lui a joué un sale tour».

Cette maladie de Hodgkin n'est pas sans rendre le sujet de la présente *biographie* encore plus vulnérable. On ne saurait le nier. Aussi, le présent ouvrage propose-t-il une triple démarche : suivre un artiste dans son cheminement professionnel, suivre un homme dans sa lutte pour la vie, suivre un Franco-Ontarien dans son engagement. Les propos seront d'une grande franchise et les témoignages seront souvent percutants. Au bout du compte, ce sera une page qui s'écrira dans l'histoire de la chanson franco-ontarienne.

La recherche est non seulement le fruit d'une série de rencontres avec Paul Demers et son épouse; elle est aussi le résultat d'un examen minutieux des multiples articles écrits sur le chanteur depuis quinze ans et des nombreuses entrevues qu'il a données à la radio. À ceci viennent se greffer plusieurs entretiens avec des gens du milieu familial et professionnel. Des remerciements particuliers sont ici adressés à Richard de Grandmont, Yves Proulx, Victor Granholm, Guy Lizotte, Jeanne Gagnon, Pierre Touchette, Omer Cantin, Pierrette Mercier et Denis Bertrand. À noter, enfin, que les titres et sous-titres des chapitres sont souvent extraits des chansons de l'auteur-compositeur-interprète, dont plusieurs figurent en annexe.

Des premiers balbutiements à la conscience d'une identité

L'enfance : «en stéréo et en couleurs»

Fils de Noël Demers et de Gisèle Cadieux, Paul Demers est né le 9 mars 1956 à Gatineau, du côté québécois de la rivière des Outaouais. Encore enfant, il se souvient avoir été contraint à de nombreux déménagements dans la région : de Gatineau à Ottawa en passant par Hull. Il fallait bien suivre la famille. De son propre aveu, il admet que ces nombreux «dérangements» ont contribué à créer chez lui une certaine insécurité. Cette angoisse, il apprend à la surmonter en se réadaptant coûte que coûte au nouveau quartier, à la nouvelle école, au nouvel entourage. Il développe ce qu'il qualifie aujourd'hui être «une certaine autonomie» et, par ricochet, une certaine turbulence d'esprit. Il est un jeune garçon dissipé mais poli; le rêve, l'aventure et le goût de s'exprimer sont tout simplement plus forts que lui. Il ne le comprend pas encore ni ne le soupçonne, mais il commence déjà son apprentissage de la scène, du spectacle, du monde artistique.

À l'école, Paul Demers se fait volontiers le bouffon de la classe. Faire rire les autres en y allant d'une «petite farce de temps à autre», c'est important pour lui. Tout au long de son apprentissage scolaire, il est un peu paresseux; c'est un élève moyen dont les notes oscillent habituellement entre 65 et 70 pour 100. «Quand j'aimais ça, j'étais bon. Je n'aimais surtout pas les mathématiques». L'histoire cependant l'intéresse. Mais, on le comprendra, le jeune Demers est davantage fasciné par le monde des arts.

Chez lui, il y a beaucoup de musique. Les parents sont friands de chansons, surtout lors des multiples réunions familiales. Dès que son père réussit à se payer un premier tourne-disque, les enregistrements des Bécaud, Tino Rossi et des *Marching Bands* américains sont beaucoup écoutés.

Influencé par les aventures des films de capes et d'épées, auxquels il assiste régulièrement le samedi au cinéma du quartier, Paul Demers dresse régulièrement des estrades dans la cour. Caisses en bois empruntées chez l'épicier du coin, planches, vieux draps... tout est bon dans l'univers d'un enfant pour monter une scène. Paul et son unique soeur Paulette adorent se livrer en spectacle devant leurs voisins. Ils le font presque continuellement, dès que la chance ou le climat le permet.

Il y a aussi le dessin qui semble l'intéresser. Il aiguise ses crayons et dessine. Dans la famille, on lui reconnaît un certain talent. Il s'amuse à inventer des scénarios de bandes dessinées. Déjà à huit ans, il ambitionne même de devenir peintre. Son père, lui-même un peu dessinateur dans son enfance, lui paye un cours par correspondance. Mais le jeune Demers est indiscipliné. Il ne finira jamais le cours en question. Déception pour son père? Il le croit.

De tout cet intérêt pour les arts, c'est la musique et la chanson qui l'emportent. Paul Demers développe une fascination et une admiration sans borne envers ses oncles musiciens du *rock 'n' roll*, en particulier à l'égard de son oncle Yvon. «Je le regardais faire. Ça me faisait tripper et je voulais une guitare». Cette toute première guitare, c'est à l'âge de onze ans qu'il l'aura finalement.

«C'est mon père qui me l'a payée. Elle a coûté 28 dollars». Le jour de l'achat reste gravé dans sa mémoire. Il se le rappelle encore avec beaucoup d'enthousiasme. «Nous étions allés tout près du marché, à Ottawa, chez un marchand d'origine juive. Il y avait des tas de guitares accrochées et suspendues au plafond, à la grandeur du magasin». Pour s'assurer d'un achat convenable, Demers-père et Demers-fils invitent un expert, l'oncle Michel, à les accompagner.

Aussitôt l'achat fait, aussitôt la magie installée. «Je déposais ma guitare dans un coin après l'avoir cirée et je la regardais, je l'admirais. Je la plaçais bien en évidence dans la cuisine pour que tous puissent la voir. J'aimais sa forme et je pensais à toutes ses musiques qu'elle me livrerait et à toutes les autres possibilités».

Peu à peu, Demers se contraint aux premiers exercices. Il maîtrise vite le doigté de quelques accords, ses doigts réusssissent à se cambrer là où il le veut, ils tâtent et caressent les six cordes de l'instrument avec de plus en plus de souplesse et de finesse. Le bout des doigts de la main gauche lui font mal mais il persiste. La corne prend forme. Quelques semaines passent. Quelques mois. Soudain, le jeune musicien découvre la subtilité des progressions d'accords et réalise qu'il vient d'apprendre à déchiffrer les progressions d'une chanson du chanteur français Hugues Aufray. Demers apprend vite. Comme le veut l'expression populaire, «il a ça dans l' corps».

Son oncle Yvon commence à faire son éducation de la musique populaire. Il l'amène au Centre national des Arts, à Ottawa, où se produit Johnny Cash, le célèbre cowboy de la chanson country et western américaine. De son siège au troisième balcon, à l'aide de ses lunettes d'approche, l'artiste en herbe épie les moindres gestes de la vedette et écoute religieusement. Il en ressort tout à fait envoûté, émerveillé.

Les années du secondaire : «la tête pleine de musique»

Paul Demers ne garde que quelques souvenirs de ses premières années d'études secondaires à Gatineau. Pas de nombreuses réminescences, certes, mais des souvenances marquantes.

À Gatineau, lui et ses copains de classe s'initient au discours nationaliste et discutent ouvertement des thèses du Parti québécois. Paul Demers commence dès lors à s'interroger sur son identité culturelle. Parallèlement, il est contraint à écouter les opinions d'un père qui ne prise guère les aspirations de la jeune génération. La Crise d'octobre... Il suit les événements à la télévision, tout en se remémorant les propos de ses anciens copains. Qui plus est, il est témoin des soldats qui circulent dans les rues de la capitale. Il en gardera un souvenir indélibile...

1972, déménagement à Ottawa. Demers s'inscrit à l'École secondaire Champlain. Dès lors, il commence à se questionner. Il se sent déchiré. Qui est-il? Un Canadien français de l'Ontario? Un Québécois? N'est-il pas inscrit à une école dite bilingue? Il décide de s'adapter à son milieu. Il n'hésite pas à s'associer à différents groupes dont «la gang de francophones et de Québécois qui s'adonnent au théâtre». Il rencontre Louis Lefebvre, d'un an son aîné avec qui il se liera d'amitié; une relation que même les cheminements individuels de chacun ne réussiront pas à amoindrir. Lefebvre habite un certain temps sur la rue où est située la résidence Demers. Ce sera alors l'occasion de rencontres et d'échanges qui n'auront pour d'autres résultats que de solidifier une amitié appelée à se développer davantage.

«On se rencontrait pour écouter les disques de Paquette, par exemple... Puis on enfilait nos écouteurs et on essayait de chanter la chanson tout en enregistrant nos voix. Ensuite on écoutait le résultat. On se critiquait. On évaluait et l'on recommençait. Je me rappelle même que Paul, comme nous autres, faussait aussi par endroit», racontera Lefebvre.

À d'autres occasions, les deux compères enregistrent sur ruban magnétique des soirées au cours desquelles ils s'amusent à jouer au disc-jockey, au météorologue, au journaliste; des émissions aussi au cours desquelles ils invitent les Beatles... À plus d'une occasion, Lefebvre sera témoin des enguelades entre Paul Demers et sa mère. «La mère de Paul, expliquera-t-il plus tard, était d'une nature brusque et d'un caractère plutôt intempestif. Les relations n'étaient pas très harmonieuses, en effet. On se faisait beaucoup de reproches de part et d'autre». Par ailleurs, pour Louis Lefebvre, monsieur Noël Demers est nettement plus sympathique. De caractère avant tout jovial et farceur, celui-ci entretenait des rapports plus amicaux que paternels avec son fils. «Son père n'hésitait pas à faire des tas de choses qui étaient inusitées».

C'est surtout dans le cadre des cours d'Art dramatique à l'occasion d'événements spéciaux à l'école que Paul Demers fait de plus en plus connaître ses talents de chanteur. Les spectacles de théâtre sont une excellente occasion de développer plus à fond son talent de chanteur et même d'y aller de certaines compositions de son cru. Il s'inspire des Beatles. «Je m'inventais des chansons, des peines d'amour, je fabulais... J'avais treize ans et je connaissais trois accords!»

Quand il n'est pas engagé dans un projet à l'école, Demers s'amuse à courir les boîtes et les concerts où il découvre les grands de la musique blues, les célèbres musiciens noirs américains que sont Muddy Waters, Brownie McGee, James Cotton. Il s'installe le plus souvent au fond des salles, tranquille. Religieusement, il prête une oreille attentive et assimile lentement. Un spectacle au stade municipal d'Ottawa avec le Britannique John Mayall a un effet particulier. «Cela m'a profondément touché, bouleversé même». Sur-le-champ, il décide de se procurer un harmonica. Il croit alors comprendre ce qu'est la musique blues. Il en a la certitude puisqu'il a écouté et entendu «les vrais».

De retour à l'école secondaire, il continue de se plaire avec ses copains de la troupe de théâtre. Avec quatre autres comédiens, dont l'inséparable Louis Lebebvre, il participe à la création d'une pièce intitulée «Une goutte de miel»; il s'agit en fait d'un sketch d'une durée de quinze minutes environ. Cette expérience du jeu dramatique lui permet de rencontrer Jean Marc Dalpé, alors jeune débutant en théâtre. Ce dernier invite la troupe scolaire à participer à un festival de théâtre qui doit avoir lieu dans le Nord de l'Ontario, à Elliot Lake. On est en 1975. Paul Demers ne le sait pas encore, mais cette aventure dans le Nord est sur le point d'influencer tout son avenir.

Les festivals de théâtre : «destination boréale»

Le Nord, c'est loin. Le périple est long. Paul Demers, Louis Lefebvre et un ami commun montent à Elliot Lake. Tout le long du trajet ils chantent Bécaud, Aznavour et d'autres vedettes françaises. Ce n'est qu'en début de soirée que le trio arrive finalement à bon port. Il se fait tard, chacun est épuisé mais qu'importe!

«Arrivé à une espèce de résidence à plusieurs logements, on n'a pas aussitôt garé la voiture que quelqu'un nous annonce qu'il y a un *party* là où demeure André Paiement», racontera Demers.

«Nous y allons. Tout à coup, je vois un bonhomme qui sort une guitare, (une Martin; une guitare acoustique comme jamais Paul Demers n'en avait vu jusque là). Il s'est assis sur le bord d'un bureau et s'est mis à interpréter la chanson *Dimanche après-midi*».

«À ce moment, il s'est passé quelque chose en moi. Quelque chose que je cherchais depuis longtemps mais que je n'avais pas encore trouvée à l'école. Ça m'est paru tellement évident». L'artiste vient alors de découvrir «une francophonie pure et simple, une francophonie non diluée, pas comme celle de mon milieu à Ottawa».

Tout au long de ce festival, Demers continue d'être impressionné. Il assiste à des spectacles totalement en français. Il rencontre les artistes Robert Paquette, Marcel Aymar, François Lemieux et, surtout, André Paiement qui ne cesse de le fasciner. De Paiement, il admire «l'extravagance, la joie de vivre, son exubérance, sa poésie, sa bonhomie, sa manière d'être, de parler». Aussi l'observe-t-il et l'étudie-t-il à fond. «À travers André Paiement, personnage assez spécial qui dégageait beaucoup de leadership, j'ai eu l'impression de découvrir ma véritable identité».

Inscrit avec Lefebvre dans l'atelier Vidéo-théâtre, qu'anime John Van Burek, Demers se promène toute la fin de semaine avec la caméra vidéo. Entre autres choses, il enregistre le spectacle des chansonniers François Lemieux et Robert Paquette. Il participe aussi à une improvisation avec André Paiement, expérience inoubliable pour le jeune artiste. Oui, Demers vient de découvrir sa voie. Il sait désormais qui il est et ce qu'il sera.

Le séjour à Elliot Lake tombe pile, puisqu'il lui permet de vivre l'une des expériences les plus marquantes de l'éveil et de l'effervescence culturels des années 1970 en Ontario français, soit celle de ces fameux festivals de création où s'entremêlaient théâtre, musique, arts visuels, vidéo, photographie et arts littéraires. Comme les Nuits sur l'étang, sur les scènes desquelles il évoluera plus tard, ces festivals se veulent les lieux privilégiés des manifestations créatrices purement franco-ontariennes.

À ces festivals, des jeunes créateurs des quatre coins de la province se réunissent pour échanger et créer, tout en ayant vivement l'impression de tracer les premiers jalons d'une identité culturelle typiquement franco-ontarienne. Parmi les artistes de cette émergence culturelle figurent les Robert Paquette, André Paiement, Marcel Aymar, François Lemieux et Donald Poliquin ainsi que plusieurs autres; ils inscrivent des marques indélébiles dans l'esprit des jeunes recrutés des foyers d'animation culturelle que sont Hearst, Kapuskasing, Sudbury et Ottawa.

Paul Demers est tout à fait impressionné. Il n'en revient pas. Grâce à l'atmosphère de fête continuelle qui prévaut à Elliot Lake pendant et après les diverses manifestations de création, il découvre un monde qui lui plaît et qui attise davantage ses penchants pour la création. Il rencontre «ce vrai monde», cette sorte de gens qu'il n'avait jamais côtoyés auparavant et dont il ne soupçonnait même pas l'existence. Et pour la première fois de sa vie, hors de son Outaouais natal, il fait la connaissance de jeunes comme lui, de jeunes apprentis comme lui mais qui viennent du Nord. Il apprivoise ce Nord décrit par un copain de classe mais dont il s'était imaginé un portrait pour le moins caricaturé, notamment au sujet de la ville de Hearst baptisée «capitale de l'orignal».

«J'avais l'impression qu'il s'agissait d'un village de cowboys et qu'en avant des bars et des hôtels, on attachait les chevaux». Mais non, le Nord est peuplé de jeunes comme lui qui parlent français et qui, en plus, ont le goût de la création et de la fête. Demers est comblé. Après ce premier festival à Elliot Lake, il écrit une chanson qui le suivra ensuite pendant quelques années. L'inspiration, on le devine, lui vient presque directement des expériences et de la prise de conscience vécues à Elliot Lake et qui concrétisent pour lui ce qu'il est désormais. Sa chanson s'intitule *La ballade d'un Franco-Ontarien* :

Les arbres n'ont pas changé,
Je crois, depuis l'an passé
Le ciel n'est plus tout à fait le même (...)
En Ontario, on parle de même
En Ontario, on a aussi nos problèmes
Et malgré tout, nous, on s'aime...

Bonne dose de naïveté? Manque de finesse dans le propos? Un peu trop simpliste? Demers fait fi des commentaires et des critiques. Jeune et fier, il n'hésite pas à chanter sa chanson, car cette ballade est son symbole d'appartenance à la culture franco-ontarienne.

Secrètement, il caresse même le rêve de l'interpréter au vu et au su de tous lors du prochain festival... à Penetanguishene.

Un an à peine après Elliot Lake, Demers se retrouve à Penetang, sur les bords de la baie Georgienne. C'est là qu'il rencontre d'autres jeunes créateurs dont un poète assez spécial du nom de Guy Lizotte, de la région de Hearst. Il profite de l'occasion pour se confier au poète et pour lui demander son avis. «Devrai-je chanter ma ballade?» «Absolument!», répond Lizotte.

Et c'est nul autre qu'André Paiement, le héros de Demers, qui le présente à l'auditoire comme l'auteur de «l'hymne du festival». Demers monte sur scène... Quinze ans plus tard, Lizotte se remémore encore la scène : «Paul brise une corde sur sa guitare. Il ne bronche pas. Il continue à garder le rythme. Tout à coup, voilà Paiement qui monte et qui lui passe sa propre guitare».

Petit geste apparemment sans trop d'importance, mais, pour Paul Demers, ce geste est chargé de significations. Il confirme une intuition, celle de véritablement faire partie de la grande famille des jeunes créateurs franco-ontariens, au même titre que tous les autres.

Paul se retrouve à la croisée des chemins. Il terminera son secondaire sous peu. Il doit prendre des décisions importantes et songer à des études postsecondaires. On lui dit qu'il faut penser à son avenir et parfaire son éducation tout en se trouvant un métier convenable. Il en est bien conscient. Il devra un jour gagner sa vie. Et puis, il a hâte de quitter le secondaire. Il veut voir autre chose, vivre autre chose.

Il ne peut toutefois faire abstraction de ses penchants pour l'art. Il décide donc de s'inscrire en Cinéma au Collège Algonquin. Il n'en aura que pour deux ans.

Mais il désenchante assez vite. Il a en horreur ses cours de photographies. «Trop de physique ! J'aimais le cinéma mais le cinéma ne m'aimait pas». Pour un jeune ayant toujours étudié le calcul mathématique avec répugnance, il n'en faut pas plus pour décrocher, d'autant plus que le goût de la chanson le tenaille et que l'idée même d'en faire profession commence à le tourmenter sérieusement. Il termine la première année (son copain Louis avait

Paul Demers à la Nuit sur l'étang de 1979, avec le groupe Purlaine.

abandonné seulement après deux mois d'études). Il se questionne... tâte de la télévision pendant quelques semaines, puis, grâce aux influences d'une amie, réussit à passer une audition dans la boîte à chanson hulloise, Le Bidule. Il y joue pendant deux soirées consécutives à raison de 50 dollars.

«C'était mon tout premier spectacle professionnel. Pour moi, c'était comme si j'avais joué à la Place des Arts!».

À la guitare acoustique, il interprète Gilles Valiquette, Robert Paquette, Jim Corcoran, Charlebois. Il verse un peu dans le folklore et en profite également pour pousser ses propres chansons dont sa fameuse ballade.

Le lendemain, 7 août 1976, il fait lecture de sa «toute première critique» dans le quotidien *Le Droit,* écrite par Pierre Quesnel.

«Paul Demers a donné un excellent spectacle hier soir au Bidule. Originaire de Gatineau, le jeune chansonnier habite maintenant Ottawa, et ce fait semble être chez lui une donnée importante. Paul Demers a en effet découvert les problèmes de la communauté franco-ontarienne lors du Festival de Sudbury et depuis il a fait de ces problèmes son cheval de bataille. Sa chanson-thème qui s'intitule *en Ontario on parle comme ça* explique bien d'ailleurs le point de vue franco-ontarien...»

Le style de Demers, poursuit le journaliste, se rapproche de celui de Gilles Valiquette, reconnu pour ces ballades à la guitare acoustique. Malgré l'influence marquée, s'empresse de préciser Pierre Quesnel, Demers n'imite pas, «il est vraiment lui-même».

Des premiers pas jusqu'à Purlaine
1979-1980

La chanson et le chômage :
« j'ai le goût de chanter »

Demers continue à s'intéresser au monde du théâtre franco-ontarien. Avec déjà en poche la palme du Festival de la chanson franco-ontarienne de 1975 et une bonne place comme semi-finaliste au Festival de la chanson de l'Outaouais en 1976, il acquiert de plus en plus de confiance. Pour protéger ses droits droits d'auteur, il enregistre ses chansons auprès de la Société des droits et d'exécution, aujourd'hui la SOCAN, et fonde sa propre maison d'édition musicale qu'il baptise Poloden.

Il est du festival de théâtre à Cornwall, en 1977, et songe déjà au prochain événement que sera le festival de Sturgeon Falls...

Entre temps, il se trouve du boulot au sein d'une coopérative de télévision à Hull et conclut une entente avec ses patrons, laquelle lui permet de s'absenter pour faire de la chanson et donner des spectacles. Cela lui convient, d'autant plus qu'une tournée en Abitibi et dans la région du Témiscamingue l'occupe un certain temps. Puis ce sont les inévitables prestations d'assurance-chômage... en attendant une autre occasion. Celle-ci vient de l'animateur culturel à l'École secondaire Thériault, de Timmins. Et à ce premier rendez-vous dans une institution scolaire viennent se greffer d'autres invitations : d'abord une visite à l'École secondaire Cité des Jeunes, à Kapuskasing, puis une rencontre au Café étudiant du Collège universitaire de Hearst. Il s'agit du premier voyage de Demers dans ce qu'il est convenu d'appeler la région du Grand Nord, soit le territoire situé au nord de la route transcanadienne no 17, voyage qui est fait en autobus. Le cachet pour le spectacle au club francophone La Bottine, à Timmins, ne se chiffre qu'à 40 $ alors que le coût du billet d'autobus s'élève, lui, à environ 50 $. Le tour de chant devant une poignée de gens a lieu dans le vaste auditorium de l'École secondaire Thériault. «Ça fait paraître plus grand», dira-t-il plus tard avec l'humour et la perspective qu'imposent les années de pratique artistique. Heureusement, la mini-tournée n'en est qu'à ses débuts.

À Kapuskasing, il livre son répertoire dans le gymnase de l'école. Belle prestation. Bonne interprétation des chansons de Robert Paquette. Tant et si bien que plusieurs n'en reviennent pas et y voient de l'imitation haut de gamme. Demers se débrouille aussi très bien avec les quelques chansons de Valiquette. Mais son répertoire, même pour les élèves d'une école secondaire française comme Cité des Jeunes, n'est pas très connu. Il est tout seul à accompagner ses chansons à la guitare acoustique et doit trimer dur pour maintenir l'intérêt d'élèves plutôt habitués aux excès et aux envolées électriques d'une musique plus rock.

Prochaine étape : Hearst, le 23 mai. C'est l'occasion de renouer connaissance avec quelques inconditionnels des festivals, notamment Alain Grouette, Yves Proulx et Guy Lizotte. Lors du spectacle au Collège universitaire, dans les espaces exigus mais chaleureux du Café étudiant, se trouve un jeune homme, Victor Granholm, journaliste-pigiste mais aussi artiste-troubadour d'origine américaine, arrivé à Hearst depuis 1974. Granholm est passionné par la musique folk et s'engage activement au sein de la communauté musicale de Hearst; son engagement est non seulement nourri par la présence stimulante des jeunes artistes que sont Grouette et Proulx, mais aussi par l'influence du foyer d'animation et d'effervescence culturelles que fut La Pitoune avec les Donald Poliquin, Paulette Gagnon, Laurent Vaillancourt, Richard Lachapelle et Michel Vallières, entre autres.

À Hearst, Granholm n'avait pu éviter de se frotter à la culture francophone. Le milieu s'était chargé de lui faire connaître les groupes musicaux en vogue : Beau Dommage, Harmonium, Cano.

Il appréciait le Québécois Charlebois, les Franco-Ontariens Robert Paquette et François Lemieux, ainsi que le Cajun Zachary Richard.

Sensible à l'expérience artistique et ouvert d'esprit par rapport à cette francophonie qu'il découvre et dans laquelle il n'a aucune peine à tremper, Granholm n'hésite donc pas à se rendre au Café étudiant. Il ne le regrettera pas. De prime abord il est captivé, étonné. «Mes premières impressions de Paul Demers sont encore fraîches à la mémoire» raconte-t-il. «En l'entendant, c'est Zachary Richard qui m'est immédiatement venu à l'esprit. Son style vocal, ses inflexions, me faisaient énormément penser à ce que j'avais entendu de Richard sur ses disques». Lui-même guitariste et fervent pratiquant de la guitare acoustique, il est tout simplement ravi par le jeu juste et raffiné de Paul Demers.

Jean Gagnon, journaliste pour *Le Nord* était aussi présent. Voici ce qu'il écrit dans l'édition du 31 mai :

«La foule, peu nombreuse mais attentive, a apprécié à sa juste valeur les chansons composées par Paul Demers. En plus, le chansonnier a interprété des airs connus, popularisés par Paquette, Cano et autres. Il a aussi offert au public des chansons folkloriques et des chansons à répondre, amenant du même coup à faire participer la foule... En définitive, c'est une soirée qui a plu au public, tant par la qualité du spectacle que par l'intimité qui régnait dans la salle.»

Spectacle terminé, ce sont des poignées de mains qui s'échangent et de longues conversations qui durent jusqu'aux petites heures du matin. Puis vient le temps de repartir. Sur le chemin du retour, l'artiste pense au beau moment de vie qu'il vient de goûter. L'expérience a été concluante. Il a vraiment du plaisir à faire ce qu'il aime : la chanson.

Avec le recul des années, il aimera dire que sa carrière s'est imposée d'elle-même, du simple fait «que je découvrais du pays, que je rencontrais des nouveaux visages, que je me faisais des amis, que je suscitais les réactions des plus positives».

Quelques semaines après cette mini-tournée a lieu le festival de Théâtre Action, à Sturgeon Falls. Paul Demers y sera. Alain Grouette aussi puisqu'il s'occupe de la production sonore des différents spectacles en plus de l'organisation générale. Depuis plusieurs années, Grouette épiait Paul Demers lors des festivals.

Il le fera de nouveau lors du festival de Sturgeon Falls et, lorsqu'il sera lui-même chansonnier invité à la Nuit sur l'étang de mars 1978, il en profitera pour étudier Demers de près. Comme musicien, il nourrit le rêve de faire de la chanson à plein temps; il savoure même l'idée d'accompagner un jour Paul Demers...

Les deux jeunes créateurs en discutent. Ils conviennent d'abord de correspondre. Pendant un certain temps, ils s'échangent des enregistrements sur rubans magnétiques à quatre pistes, des rubans qui parcourent les mille kilomètres entre Ottawa et Hearst. Sur ces rubans, chacun grave pour ainsi dire sa partie que l'autre écoute chez lui pour y ajouter sa part de création. Puis le ruban reprend la route Hearst-Ottawa, Ottawa-Hearst. Un soir, aux alentours de minuit, pendant «les heures à rabais», Alain Grouette décide de lancer un appel à Paul Demers : «Nous avons une grande maison ici, avec beaucoup de place. Nous sommes des musiciens et tous intéressés à t'accompagner. Qu'en dis-tu?»

La grande maison qu'évoque Grouette, c'est celle sise au 501 de la rue Alexandra, qu'il a réussi à louer pour une période de huit mois. Outre Yves Proulx, copain musicien, également intéressé à jouer derrière Demers, deux autres locataires y habitent, soit Victor Granholm et Daniel Gagnon, gérant d'un magasin d'alimentation naturelle à Hearst.

Nous sommes à l'automne de 1978. Le groupe Purlaine est sur le point de naître.

L'engagement, la conviction : «Un jour j'irai dans le Nord»

Dans cette vaste maison recouverte de bardeaux en cèdre, les jeunes musiciens disposent d'un sous-sol, d'un salon, d'une cuisine et de plusieurs chambres à coucher. Ils ont même accès à un jardin.

Seul à avoir participé aux échanges sur ruban, Yves Proulx est joueur de basse et de mandoline au sein du groupe en devenir. Alain Grouette, guitariste à la personnalité forte, agit pour ainsi dire comme chef d'orchestre. Quant à Granholm, c'est de lui qu'est loué, plus souvent emprunté, l'équipement nécessaire à la sonorisation. Enfin, Daniel Gagnon est un ami de longue date qui se sent bien au milieu des arts et des artistes.

Les premiers mois au 501 de la rue Alexandra prennent la forme d'échanges, de mises au point, de mises en commun, et de grandes discussions. C'est aussi l'occasion pour tous et chacun d'évoquer ses rêves et ses ambitions. Au milieu de ce brouhaha, Paul Demers tarde cependant à s'installer définitivement à Hearst. À 23 ans, il n'a encore jamais eu véritablement à partir et à voler de ses propres ailes; il n'a jamais quitté le confort de la vie de famille. Il n'a pas vécu encore cette prise en charge, cette prise d'autonomie et d'indépendance. En y repensant plus tard, il dira: «je n'étais pas encore un véritable adulte. Je n'avais jamais quitté mon chez-moi. C'était la première fois que je laissais ma famille, mon père, ma mère, pour aller loin, très loin, pour une longue période».

Et n'a-t-il pas laissé une petite amie à Ottawa? Donc Demers fait la navette entre Hearst et Ottawa, ordinairement par autobus et à l'occasion en voiture si un tour en direction de l'Outaouais se présente.

Victor Granholm : «Je ne suis pas sûr qu'il considérait Hearst ou Ottawa comme étant désormais son lieu de résidence. Je crois probablement qu'il considérait Ottawa comme la ville où il habitait et Hearst comme sa ville «dortoir». De toute façon, à Hearst, il n'y a pas de doute que les gens l'ont tout simplement adopté».

Toujours dans cette maison de la rue Alexandra, l'ambiance est assez particulière, on s'en doute. «Je me souviens qu'il s'agissait presque d'une maison de voyageurs; tous les artistes francophones qui semblaient passer par Hearst venaient y dormir ou manger : gens de théâtre, poètes, chanteurs, et musiciens. Même si, officiellement, nous étions quatre personnes qui y habitaient, bien souvent on pouvait se retrouver jusqu'à dix personnes sous le même toit», rappelle Granholm.

Sur le plan de la création, Paul Demers devient l'âme du groupe. Après tout, c'est autour de lui que s'établit le nouveau groupe musical. Mais c'est Alain Grouette qui est le véritable leader du groupe, à la fois son gérant et son homme de fer, celui qui n'hésite pas à imposer de longues heures de répétitions, sachant bien qu'il faut se préparer et être d'aplomb pour affronter le public de La Nuit sur l'étang, prévue pour le printemps qui vient...

Arrive janvier 1979. Le groupe s'est établi un solide répertoire entremêlant la musique rock et le folklore. Pour accroître son énergie, il décide de s'adjoindre un batteur. Les yeux sont tournés vers Patrice Desbiens, poète et musicien. On attend beaucoup de Desbiens qui est Franco-Ontarien et aussi originaire du Nord, de Timmins plus précisément. Il passe deux jours avec Grouette, Demers et Proulx, mais ça ne «clique» pas.

Le groupe décide alors de publier une annonce dans le quotidien *Le Droit,* d'Ottawa. Richard de Grandmont répond à l'annonce en faisant parvenir une cassette de démonstration. Il est embauché. Né en 1957, de Grandmont a toute une feuille de route dès l'âge de 20 ans : il a tour à tour oeuvré avec l'Orchestre symphonique d'Ottawa, l'Orchestre des jeunes d'Ottawa, l'Ensemble d'instruments à vent, l'Ensemble de musique contemporaine et l'Ensemble de musique jazz de l'Université d'Ottawa. Il a même participé à l'enregistrement d'une émission, *Jazz en liberté* à Radio-Canada en décembre 1978.

Le 30 janvier 1979, Richard de Grandmont débarque à Hearst... avec quelque dix-sept heures de route dans le corps. C'est sa première incursion dans le Nord et il s'en souvient : «Je pense que les bancs de neige avait quinze pieds de haut!»

Avec le dernier venu, la formation semble donc complète. Elle a un répertoire, différents styles musicaux, beaucoup de souplesse et d'éclectisme. Les chansons et textes de Grouette et de Demers sont à l'honneur. Les talents sont variés. Demers joue fort bien de la guitare acoustique et souffle harmonieusement à l'harmonica. Grouette maîtrise aussi ses instruments — la guitare acoustique, la guitare basse et la guitare acoustique à douze cordes — tout en manipulant habilement la flûte traversière et la flûte à bec. Quant à Yves Proulx, délégué à la basse électrique, il excelle également à la mandoline. Les chansons versent dans le folklore, la ballade pure et simple, le rock et le blues. L'énergie est là et plusieurs avenues s'ouvrent à l'exploration musicale. Reste à choisir un nom... Un nom bien représentatif... Un nom qui sera la marque de commerce du groupe.

Demers ne veut pas d'un nom du genre «Paul Demers et ses musiciens». Il n'est pas à la recherche d'une forme quelconque de vedettariat. On songe un moment à Grouette-Demers-Proulx-de Grandmont. Cela a le mérite de mettre tous les membres du groupe bien en évidence, mais la formule est à la fois lourde et peu originale.

C'est finalement de passage à Ottawa, à bord d'un camion, dans l'avenue King Edward, que le groupe trouve finalement la solution. «On s'en allait vers la rue Rideau, direction sud... J'avais pensé à Pure Laine. Ce nom représentait ce qu'on était à l'époque : authentique, purement canadien-français...», dira Paul Demers lors d'une entrevue pour le magazine *Liaison*, au printemps de 1986.

Cette culture franco-ontarienne que les jeunes musiciens entendent véhiculer et partager, est alors «presque une question de vie et de mort». Il s'agit d'une préoccupation constante qui alimente plus d'une discussion. C'est du moins l'impression que Vic Granholm retient à ce moment-là.

Cette conscience franco-ontarienne, Demers n'est pas la seule à la partager puisque Alain Grouette et Yves Proulx sont eux aussi passés par les fameux stages de Théâtre Action. Seul Richard de Grandmont n'a pas vraiment connu «ce trip». Mais ce qui importe, avant tout, c'est que chacun soit sur la même longueur d'onde. Tel est le cas... et la grande aventure peut commencer.

Les premières envolées :
«Y pensa qu'Ontarien»

À tous les membres du nouveau groupe, Alain Grouette impose une sévère discipline de répétitions. On se lève tôt et on pratique. Après tout, le temps presse. Il ne reste plus que cinq ou six semaines avant le grand coup d'éclat que l'on souhaite faire à la Nuit sur l'étang. Entre temps, le Conseil des arts de Hearst offre au jeune groupe d'organiser une tournée dans le Nord de la province. On s'empresse de monter un cahier de presse. On rassemble tout ce que l'on peut; on se paye des affiches, on écrit son curriculum, celui du groupe comme ceux des individus : *Purlaine, quatre jeunes musiciens qui, après quelques expériences individuelles, ont décidé, malgré les distances, de se regrouper pour monter un spectacle. Voilà déjà plusieurs années que nous grattons, soufflons, tambourinons, insufflons rythme, chaleur et musique à la vie de nos ami-e-s, nos villages et notre public ontarien. Notre nom Purlaine veut exprimer la simplicité et la force de nos sources, de nos racines.*

On a aucune hésitation à dresser la liste de ses habiletés. *Paul Demers : guitare sèche six et douze cordes, musique à bouche, percussion, synthétiseur, voix; Richard de Grandmont : batterie, percussion et voix; Alain Grouette : guitare sèche six et douze cordes, guitare électrique, synthétiseur, flûtes, percussion et voix; Yves Proulx : basse électrique, mandoline, percussion et voix.*

Il faut convaincre et ne pas craindre d'en «mettre».

Les jeunes musiciens se vendent fièrs représentants des quatre coins de la province. On est confiant. On se présente comme authentiquement franco-ontarien et conscient de l'héritage laissé par les Paquette, Lemieux, Paiement et CANO. Les jeunes musiciens sont consciencieux et croient ardemment qu'avec le travail, ils ne peuvent pas râter leur coup.

Au 501 de la rue Alexandra, la vie est plus fébrile que jamais. On passe des heures et des heures à répéter. On ne travaille pas avec des partitions. On a besoin d'un «demo». On reprend les chansons jusqu'à douze fois et, pour ce faire, on transforme littéralement la demeure en un énorme studio d'enregistrement. Toutes les chambres sont utilisées afin d'isoler chacun des musiciens qui doivent travailler avec casque d'écoute à la tête.

Granholm : «Je me rappelle des tas de fils électriques, tout simplement des piles et des piles de fils. À bien des endroits, il s'avérait impossible de marcher normalement. Et on répétait sans arrêt les mêmes chansons».

Après un court spectacle au Café étudiant du Collège universitaire de Hearst, en février (le tout premier spectacle, question de tester le public), Purlaine est confiant. La Nuit sur l'étang doit avoir lieu le vendredi 2 mars. Le compte à rebours est commencé. Avant ce tout premier spectacle «vraiment officiel», les musiciens se livrent au journaliste Jean Gagnon, de l'hebdomadaire *Le Nord*, à Hearst. Dans l'édition du 28 février 1979, on y lit que «la meilleure façon de charrier sa culture, c'est de la vivre». Celui qui s'exprime ainsi, c'est Alain Grouette. Lui et ses trois compères musiciens s'apprêtent à quitter Hearst pour participer à une tournée dont ils ne connaissent pas encore toutes les étapes.

Alain Grouette, Paul Demers, Yves Proulx et Richard de Grandmont. Voilà Purlaine. Le premier a partagé son travail des dernières années entre la musique et le théâtre. Le second a promené sa guitare de centres culturels en écoles secondaires de l'Ontario. Le troisième a été membre des groupes *Les Maringouins* et *La Bastringue*. Le quatrième jouit d'une expérience avec les orchestres symphoniques et les ensembles de jazz. Tous ont cependant deux points en commun : ils sont Franco-Ontariens et, plus encore, ils ont le goût de faire de la musique. «Purlaine, c'est francophone entre autres, mais ça veut surtout dire que c'est original», de souligner Paul Demers.

Pour l'instant, le groupe compte une quinzaine de compositions à son répertoire, compositions écrites en majorité par Paul Demers et dont le groupe a fait des arrangements. Il y a aussi quelques compositions d'Alain Grouette et une de Guy Lizotte. Quant à la musique jouée par Purlaine, c'est le résultat d'influences nombreuses; Alain Grouette cite, entre autres, Garolou, Harmonium, Beau Dommage, Chuck Mangione et Zachary Richard.

Le journaliste Gagnon n'a aucune hésitation à souligner l'enthousiasme des membres de Purlaine. Il écrit notamment que le groupe souhaite partir en tournée aussitôt que possible à travers l'Ontario francophone et espère se livrer en spectacle sur une bonne vingtaine de scènes. On rêve même à une tournée nationale! Et *Le Nord* de citer un Demers pimpant de bonne humeur et d'humour : «On va aller là où le groupe est demandé. On pense même aller au Stade olympique... voir les Expos».

Purlaine se nourrit de grands espoirs. Pour bien vivre, le groupe doit arriver à se produire le plus souvent car l'expérience du coopératisme comporte et des risques et des sacrifices financiers. Chaque membre le sait. Nul ne vit grassement. On partage plus souvent les dettes que les profits. Le groupe sait d'ores et déjà qu'il devra trimer dûr. Mais la Nuit sur l'étang ne s'en vient-elle pas? Tous les espoirs ne sont-ils pas permis?

«La Nuit : énorme bouillabaisse d'inégale qualité»
Le Droit

Le grand soir arrive : 2 mars 1979. Les musiciens se retrouvent donc à Sudbury par un vendredi soir d'une veille de printemps devant 600 personnes sur les planches de l'Auditorium Fraser de l'Université Laurentienne, là même où les grandes influences — les Paiement, Paquette, Lemieux et CANO — avaient brillé de tous leurs feux.

La Nuit sur l'étang représente un point de départ dont l'importance est vivement ressentie par les membres du groupe. Il ne faut pas se casser la gueule. Il faut y mettre le plein, tout donner. La Nuit, c'est le «happening culturel» par excellence de la chanson franco-ontarienne avec toute son histoire et son héritage particulier. Les premiers moments de cette manifestation, toujours la plus importante au niveau culturel, remontent à 1973. Un colloque, «Franco-Parole» se tient à l'Université Laurentienne de Sudbury et un spectacle est présenté à l'issue de la rencontre. Les artistes et les créateurs font durer la fête toute la nuit!

L'année suivante, une équipe est formée pour organiser un festival de création franco-ontarienne mettant en vedette des artistes de la chanson, de la musique, du théâtre et de la poésie qui défileront sur scène tout au long d'une nuit. En 1975, le festival prend encore un peu plus d'ampleur. La Nuit a une histoire bien particulière qui remonte à la naissance même des premières manifestations culturelles franco-ontariennes d'envergure. Purlaine le sait très bien. Et comme c'est le cas pour la grande majorité des artistes de l'Ontario français, la Nuit sur l'étang est devenue au fil des ans un lieu de consécration. Il faut passer par la Nuit.

Dès son arrivée sur scène, Purlaine enchaîne immédiatement avec la chanson *Y pensait qu'Ontarien*, une gigue enlevante au message sans ambages, prémédité, avoue aujourd'hui Yves Proulx :

Y pensait qu'Ontarien
Eh ben
Y pensait qu'Ontarien
Mais on est là
C'est comme s'ils savaient pas
Mais on est là...

C't'en arrivant dans le Nord
Qu'on est beaucoup plus fort...

En commençant son spectacle avec la chanson *Y pensait qu'Ontarien,* le groupe veut clamer haut qu'il existe et qu'il est engagé comme groupe franco-ontarien authentique ayant des racines vivantes et dynamiques. Ce soir-là, le thème du Nord et de la nature en général est présent dans presque toutes les chansons du groupe. De plus, la musique est rythmée et se prête bien à l'atmosphère de *party* qui caractérise La Nuit.

Purlaine remporte haut la main son pari, comme le décrit Marthe Lemery dans le quotidien *Le Droit* :

«Pour en arriver à ceux qui ont incontestablement volé la vedette à tous les autres. Purlaine, nouvelle formation musicale en Ontario. Rencontre de deux musiciens de Hearst et autant d'Ottawa, Purlaine a conquis d'emblée son public avec des pièces à mi-chemin entre le rock et le folklore, exécutées avec aisance et connaissance. Premiers à projeter un son professionnel, Purlaine a donné aux spectateurs ce qu'ils espéraient : un jeu puissant, énergique, reposant sur une armature rythmique musclée, et des voix bien placées, celles d'Alain Grouette et de Paul Demers».

Le groupe est fier. Il a frappé fort. Il a laissé sa marque.

Deux semaines plus tard, Purlaine se produit à La Grande Débâcle, à Hearst, avec Robert Paquette et Donald Poliquin. Le groupe participe même à un long *jam* improvisé avec Paquette. Encore là, devant quelque quatre cents spectateurs, le délire, la fête et la célébration sont au rendez-vous dans la salle de spectacle du Collège universitaire de Hearst. Mais tout de suite après Hearst, à la mi-mars, les choses ne tournent pas rond, du moins pas autant que les apparences et les premiers succès le laissent supposer. Les jeunes musiciens sont endettés. Ils ont loué de l'équipement de sonorisation dont la valeur se situe à environ 80 000 dollars, selon Alain Grouette. «Il va falloir en présenter des spectacles pour payer ça», déclare-t-il au journaliste Paul Tanguay du journal *Le Temps* tout juste avant la Grande Débâcle. «Ça fait trois mois qu'on pratique ici, à Hearst, et personne n'a de revenus. On vit de nos économies. Il faudrait se faire aider en pré-production», ajoute Grouette. Les pressions et préoccupations de nature financière talonnent déjà les membres du groupe; elles ne les quitteront pas de sitôt.

On comptait beaucoup sur une tournée du Nord, organisée pour coïncider avec la lancée de la Nuit sur l'étang, mais elle tourne un peu au vinaigre. Le groupe envisage une série de treize spectacles à raison de 900 dollars la représentation, ce qui est peu pour quatre musiciens et un ingénieur du son. Purlaine revient déçu de cette tournée dans les petites villes du Nord-Est de l'Ontario. Les foules ont été minces. À Wawa, le groupe aura joué devant à peine une vingtaine de personnes, la plupart étant des «mordus de la cause franco-ontarienne». Qui plus est, la tournée qui devait se prolonger sur une période d'un mois ne durera finalement que cinq jours, en raison d'une série de désistements. Purlaine a pourtant besoin d'être vu et entendu par beaucoup de gens pour réussir.

«Nous, on a un *show* à vendre pas cher», soutient Demers en entrevue avec Paul Tanguay. «Mais les gens des centres culturels ne le connaissent pas. On débute. Y'a personne qui nous a entendus. Ces gens-là font venir des musiciens de Montréal et nous, on attend». Quoiqu'il en soit, l'engagement reste le même. Sans équivoque, Demers le mentionne à Tanguay : «Ces gens-là (Paiment, CANO, Paquette) m'ont donné le goût de dire des choses et de les chanter. Ma bataille, c'est de chanter en français et de me sentir écouté par mon monde».

En dépit de ces premiers déboires, survenus sitôt après l'exaltation de La Nuit et de La Débâcle, Purlaine tient bon. Le groupe décroche même un contrat important qui l'amène à se produire au Festival franco-ontarien à Ottawa, en juin 1979. Il va de soi que les espoirs grimpent d'un cran. Les semaines passent et les choses tombent en place.

Une semaine avant la prestation du groupe au Festival franco-ontarien, Marthe Lemery consacre Purlaine lorsqu'elle écrit, dans *Le Droit* du samedi 16 juin, que

> «sitôt leur premier spectacle public terminé, en février dernier, les propositions de contrats affluaient de part et d'autre. Mattawa, New Liskeard, Lafontaine, Wawa, Chapleau, Sudbury, Hearst, St-Catherines, Pembroke, rares sont les villes ontariennes où brûle encore la flamme de la francophonie qui n'aient pas encore reçu leur visite. Sans compter les quelques municipalités québécoises longeant la frontière ontarienne.
>
> Hier soir, concert devant l'Hôtel de ville de Toronto; vendredi prochain, Festival franco-ontarien à Ottawa; le soir de la Saint-Jean, spectacle à Kapukasing; la

semaine suivante, Rockland, puis Sudbury, Kenora, etc. Plus l'été avance, plus la liste s'allonge et semble ne pas avoir de fin».

Les membres attribuent cette «popularité soudaine» au vide occasionné par le changement de direction du groupe CANO suite au décès du leader André Paiement, en 1978. Ils se confient à Marthe Lemery et la plume de la journaliste analyse de la façon suivante les propos des musiciens :

«Après l'accession de CANO au marché nord-américain (pour ne pas dire américain tout court), la francophonie en Ontario s'est retrouvée sans porte-voix dans le domaine de la chanson folk-rock. Purlaine vient remplir le vide causé par le départ de CANO dans le circuit des salles franco-ontariennes, et ils ont le mérite de chanter en force, en décibels et en français, les aspirations d'une jeunesse qui vit en minorité sur une terre d'abondance.

Il y a moins de quatre mois, Purlaine n'était même pas *sur la carte*. Aujourd'hui, de tous les coins de l'Ontario, on se les arrache.

C'est avec la fougue de leurs vingt ans et l'assurance de leur talent que (...), musiciens rock de leur état, [ils] dévalent en troisième vitesse la pente du succès. Il aura fallu plus ou moins neuf mois pour que, de cette gestation, à l'abri des oreilles indiscrètes, naisse un groupe de musiciens dignes de la relève des CANO, Robert Paquette, Garolou et Cie.

Purlaine, c'est du 100 pour cent franco-ontarien, le Sud et le Nord d'une province fusionnés dans des accords de guitare et le roulement d'une batterie. Les pieds solidement fixés au sol ontarien défriché par leurs ancêtres de langue française, Paul Demers et Richard De Grandmont, tous deux d'Ottawa, Yves Proulx et Alain Grouette, de Hearst, témoignent de la ferveur qui anime la nouvelle génération de Franco-Ontariens. Quatre musiciens, un technicien, tous jeunes talentueux, sans peur et sans reproche. Ils ont investi tous leurs sous dans l'aventure Purlaine, selon le mode du coopératisme, et en attendant que la manne monétaire leur tombe dessus, ils partagent leurs chèques d'assurance-chômage et leurs espoirs.

Depuis que Purlaine est né, les succès personnels que chaque membre avait pu obtenir individuellement sont oubliés. Seul compte l'effort de groupe. Personne n'est en vedette, nul n'est l'accompagnateur de l'autre. Chacun a son mot à dire, y inclus le technicien qui fait partie intégrante de Purlaine.

Fiers d'être des enfants de l'Ontario, les membre de Purlaine ne renieront jamais leurs racines françaises, et ils proclament ne vouloir chanter qu'en français. Mais si quelques-unes de leurs compositions ont une forte saveur nationaliste, ils refusent de devenir les défenseurs des droits de la minorité linguistique en Ontario. *Nous ne sommes pas des porte-parole de la francophonie, mais les témoins de son existence, et la preuve que la culture française en Ontario n'est pas que simple idéologie, mais une réalité*, disent-ils».

Un article aussi dithyrambique attise évidemment l'ardeur des membres de Purlaine qui se préparent tous pour une saison estivale déjà remplie de spectacles, même qu'une tournée dans la région du Moyen-Nord est également prévue.

À la toute fin du mois de juin, Purlaine se produit en spectacle au Festival de Théâtre Action à Rockland. Quelques semaines plus tard, le groupe joue au Festival Boréal à Sudbury. Il se rend également au Festival de Batoche, en Saskatchewan. Purlaine est enfin sur un air d'allée comme on l'avait rêvé au 501 de la rue Alexandra, à Hearst. À compter du 13 septembre, le groupe entamera une série de vingt concerts dans la région sudburoise avec des spectacles dans les écoles secondaires, à l'Université Laurentienne, au Collège Cambrian et à la salle La Slague du Centre des Jeunes. Auparavant les membres de Purlaine se livrent à un journaliste du *Northern Times,* hebdomadaire de langue anglaise de la région de Hearst. André Quenneville pose la question à savoir si Purlaine suivra les traces de CANO :

«Is Purlaine, the Hearst-based folk-rock group, to follow in the highly successful CANO's footsteps? In retrospective, CANO, a Franco-Ontarian Sudbury-based group, was signed to a five-album contract with A and M Records of Canada in 1976, after being together a mere six months. The group then went on to a national recognition.

No less spectacular is Purlaine's phenomenal success. Also a Franco-Ontarian group, Purlaine has only existed since January of this year. Many compare Purlaine's music to influences of the CANO jazzy style, among folk, traditional and rock influences».

Le journaliste déplore avec empressement le fait qu'aucune compagnie de disque n'ait approché Purlaine. Dans son article, il fait toutefois allusion à l'incertitude qui règne au sein du groupe à ce sujet; les membres sont ambivalents face à la question. Grosso modo, ils ne se sentent pas encore prêts. Paul Demers, écrit-il, préfère encore attendre une année; le groupe n'a pas encore «assez de matériel original» pour appuyer la tournée éventuelle qui suivrait l'enregistrement d'un microsillon.

Déjà donc, à la toute veille d'une tournée de deux semaines (20 spectacles) dans la région sudburoise, les membres de Purlaine commencent à s'interroger sérieusement sur la route à parcourir. Ce questionnement, cette prise de conscience, ils commencent à peine à en faire part à leur public.

Pourtant, ces interrogations avaient commencé à les hanter quelques mois auparavant. En juin, lors d'une entrevue au réseau radiophonique de Radio-Canada à la veille d'un spectacle à St-Catherines, Paul Demers et Alain Grouette avaient laissé entendre que le groupe cherchait une véritable identité musicale, bien distincte, pour éviter les comparaisons.

Puis en septembre, le journal *Le Nord* de Hearst (édition du 12 septembre 1979), décrit le cheminement du groupe qui s'apprête à partir pour une série de spectacles dans le Moyen-Nord. Après avoir assisté au mini-spectacle donné par Purlaine dans un centre pour jeunes adolescents à Hearst, le journaliste André Deschamps écrit :

«Le groupe en est, en ce moment, à une phase d'expérimentation et se cherche une identité musicale. Leur nouveau son est difficile à catégoriser; comme s'ils essayaient d'aller dans plusieurs directions à la fois, puisant à même le rock ou la tradition folklorique, même le blues...»

Malheureusement, Purlaine n'aura pas le temps de cheminer bien longuement à ce niveau. C'est l'appel de la tournée avec toutes ses fébrilités et ses frénésies, tous ses moments forts et ses *partys*, toutes ses interminables heures à monter et à démonter l'équipement de sonorisation et d'éclairage. C'est le métier qui s'apprend sur le tas.

Après la tournée de Sudbury, le groupe décroche quelques contrats pour des spectacles dans les bars et les brasseries de la région outaouaise. Il ne s'agit évidemment pas de spectacles destinés à un public venu expressément pour écouter un concert. Non, jouer dans un bar, quand tu es musicien, c'est composer avec toutes les contingences de l'endroit. Les artistes de Purlaine le savent très bien. Ils ont néanmoins le goût de voir un autre public, de se frotter à un public québécois. Tout est possible. Tout est permis. Surtout quand il est question de survie économique. Purlaine ne veut tout simplement pas rater sa toute première occasion de traverser la rivière et de se faire connaître en terre québécoise. Le risque est beau; peut-être est-il gage de choses meilleures à venir.

Purlaine a raison. Ces contrats permettront au groupe de décrocher d'autres invitations, notamment à Québec et dans la région gaspésienne. C'est justement avant de se rendre à Québec que les membres de Purlaine s'entendent pour la première fois sur les ondes de Radio-Canada. L'émission *Voix et rythmes du pays*, diffusée le 18 novembre 1979 à l'échelle du Canada présente le groupe et des extraits du spectacle qu'il a donné lors du Festival franco-ontarien, en juin. À la fin du mois, Purlaine se produit au bar Le Créneau, situé sur la Côte de la Fabrique dans le Vieux Québec. Du 7 au 20 janvier 1980, c'est la Bistrothèque de Rimouski qui accueille le groupe franco-ontarien.

Un an à peine après la naissance de Purlaine, voilà qu'Yves Proulx, joueur de mandoline et de guitare basse, songe sérieusement à abandonner ses camarades. L'insécurité et l'ennui qui caractérisent la vie de troubadour, les longs voyages, l'éloignement de sa blonde à Hearst, tout ça lui pèse beaucoup sur le coeur. À Rimouski, il annonce au groupe son désir d'abandonner.

Si Proulx décide de décrocher, c'est d'abord et avant tout parce que l'expérience musicale ne lui procure plus de plaisir. Aussi a-t-il l'impression de ne pas avoir le talent requis, ni l'énergie nécessaire, pour atteindre les objectifs que le groupe voudrait bien se fixer. «Je voyais un tas d'autres musiciens au sein d'autres formations musicales qui excellaient et qui ne cessaient de m'épater. Moi, par contre, je n'étais qu'un musicien «d'oreille», incapable de comprendre le solfège. J'ai réalisé aussi, que je ne voulais plus gagner ma vie avec la musique. J'en avais assez de l'insécurité financière», admet aujourd'hui Yves Proulx qui travaille depuis comme imprimeur à Hearst.

Pour trouver un remplaçant, le groupe dispose de peu de temps. Des spectacles importants s'annoncent dont un retour sur les scènes de La Nuit sur l'étang, à Sudbury, et de La Grande Débâcle à Hearst, ainsi que deux nouvelles invitations : le Festival de l'ail des bois, à Rockland, et le projet *J'ai au creux des mains une chanson*.

Le premier mars, dans la rubrique des petites annonces du journal *Le Droit* d'Ottawa, une annonce paraît : «Musicien ou musicienne demandé; un bassiste avec expérience de groupe pour s'intégrer à Purlaine, formation musicale qui existe depuis une année. Purlaine voyage un peu partout dans le Canada. Le groupe consiste en cinq musiciens et un technicien et interprète ses propres compositions». Paul Demers et Richard de Grandmont signent la petite annonce. Le choix s'arrête sur Daniel Major, un jeune musicien de Hull.

Entre temps, dans sa quête d'un son bien à lui, bien authentique, le groupe avait déjà décidé d'inviter Normand Thériault, joueur de clavier originaire de Hearst, à faire partie de l'équipe. Ce sera lors de La Grande Débâcle et à la Nuit sur l'étang que les nouveaux visages de Purlaine s'afficheront. Voici ce que Jean Trudel, ingénieur du son du groupe, écrit dans le bulletin publicitaire de La Débâcle :

«Expérience collective; explosion d'expression; des sons acoustiques, des sons électriques, des blues, du *heavy*; du pas comme les autres; des rêveries; du parti-parti; des sons allant du synthétiseur au *horn* de bicycle; voilà un peu Purlaine. Musicalement, on est parti de petites chansonnettes adolescentes pour adopter une lente progression vers un ensemble sonore beaucoup plus complet. Entre nous, on dit que c'est plus *tight*. Pratiquement, Purlaine est dans une phase nouvelle. D'ici quelques mois, le public aura certainement des surprises, sûrement agréables avec du nouveau, du frais cuit, du 100 % de blé entier et peut-être un nouvel instrument, caressé de mains de maître. Je n'en dis pas plus long à ce sujet et je vous laisse le plaisir de nous redécouvrir. Sans aucune prétention, Purlaine plonge lentement dans une phase professionnelle. Lentement le circuit du Québec nous a été ouvert et les Maritimes semblent intéressées. Bientôt, on sera là pour vous».

Purlaine vient donc de vivre deux étapes importantes; le départ d'un membre fondateur (Proulx), rapidement remplacé et l'arrivée de Thériault, en qui on a beaucoup confiance. N'a-t-il pas lui-aussi été un témoin privilégié de l'effervescence culturelle de La Pitoune à Hearst, au début des années 1970. Il va sans dire, on reconnaît le Nord et la francophonie en Normand Thériault d'autant plus que son expérience de claviériste ajoutera probablement la dimension musicale tant recherchée depuis plusieurs mois.

L'effet ne tarde pas à se faire sentir. Marthe Lemery, du journal *Le Droit*, y fait écho dans son rapport de La Nuit sur l'étang 1980 : «*Dans le Nord, c'est plein d'espoir ma noire,* dit dans l'une de ses chansons, le groupe Purlaine». Pour Lemery, Purlaine aura répondu aux attentes du public : «Le groupe y aura notamment démontré une amélioration sensible de son jeu musical et l'aisance sur scène qu'il a gagnée au cours de l'année». C'est donc de bonne augure pour le groupe... qui se tape dans le dos... Et qui ne craint pas de s'associer à des grands projets. C'est notamment le cas pour le Festival de l'ail des bois, tenu à Rockland, au mois de mai 1980. Purlaine se prépare aussi à vivre une expérience collective d'envergure sous la direction de la metteure en scène Brigitte Haentjens qui prépare un spectacle typiquement franco-ontarien avec les poètes Jean Marc Dalpé et Michel Vallières (originaire de Hearst) et avec les comédiens du Théâtre d' la Vieille 17. Le spectacle s'intitule *J'ai au creux des mains une chanson;* Purlaine embarque. Tout le monde se connaît. Ça remonte aux fameux festivals de Théâtre Action. On s'en promet.

J'ai au creux des mains une chanson : «C'est bien tant mieux»

Ottawa le 15 avril 1980, École secondaire Belcourt. Il s'agit de la première d'un spectacle que l'on souhaite tourner longuement partout en province.

Paul de Broeck, directeur du centre culturel La Sainte-Famille de Rockland, avait déjà décrit le spectacle en ces termes : «On ose, un spectacle peu ordinaire, une aventure, une expérience, une alliance du Nord et de l'Est, de la musique et de la poésie, du théâtre et de la poésie, de la poésie et du théâtre, un spectacle-poème, un poème de spectacle».

Marguerite Bertrand, collaboratrice pour le quodiden *Le Droit*, assiste à la première en compagnie de quelque 400 spectateurs. Pour elle, il s'agit d'une soirée «des plus tranchantes» :

«Ces musiciens, comédiens et poètes ont pris la parole, l'ont façonnée en poésie sur des airs de guitares, avec des mots d'amour, des mots crachés et des souvenirs... Car pour ces artistes, dans le cas où le coeur des hommes est prisonnier de barreaux de fer et d'ignorance, il faut user d'une scie pour le libérer et c'est pourquoi, disent-ils, leur poésie est une scie.

Si c'est pour ne plus se taire qu'ils ont ainsi pris la parole, c'est bien tant mieux. La soirée s'est déroulée à la vitesse de l'éclair pour le public qui a eu la chance de les entendre en parole ou en musique le passé, le présent et l'avenir des Franco-Ontariens».

Après avoir fait mention de la prestation particulière du poète Jean Marc Dalpé, la journaliste conclut en beauté :

«Et que dire de Purlaine, qui en un temps trois mouvements, a charmé les spectateurs en les faisant chanter et taper des mains, sinon qu'il n'a pas eu peur de nous servir une musique et des chansons dans une langue jadis interdite en Ontario».

Ce fut effectivement une magnifique expérience pour les jeunes musiciens de Purlaine, mais une expérience de très courte durée. De tournée, il n'y en aura pas, comme le déplorera denise truax dans la revue *Liaison,* numéro 11, août 1980. Son commentaire s'intitule *On en aura jamais assez parlé* :

«Ça fait trois fois que je le vois ce spectacle. Sur les quatre à cinq fois qu'il a été joué, c'est pas mal... Je trouve ça extrêmement dommage qu'à cause des coûts (de production, etc) le spectacle ne sera probablement plus joué. Parce que c'est un spectacle, à mon sens, d'importance capitale, qui raconte des choses — sociales, politiques, familiales, culturelles, historiques — qui fait un bilan de notre vécu ontarois et qui ouvre des voies à d'autres expressions, à d'autres actions.

Le spectacle accomplit avec nous un retour en arrière vers nos racines, vers ces débuts de la colonisation, durant ces années de labeur difficile, prises à se tailler, littéralement, un espace de vie à Hearst, Timmins, Sudbury, Penetang ou ailleurs... On y raconte l'acharnement de nos pères pis de nos mères aussi — celles qui, *en prenant mari, ont pris pays* — et ce pays souvent, c'était celui des durs labeurs, de la grosse famille à nourrir et du p'tit pain. (...) Aujourd'hui, ce labeur, c'est la pauvreté culturelle, c'est l'absence de fierté dans nos écoles, c'est l'absence de nos droits reconnus, c'est cet espace de vie — en français — qu'on ne nous reconnaît pas. (...)

Un voyage autant et surtout qui cristallise une maturité dans l'expression artistique aux niveaux théâtral, poétique et musical; une expérience de travail rare où s'accomplit une synthèse en mouvement-mouvance entre les genres artistiques et leurs contenus; un spectacle-manifeste, hautement politique, qui dit de bien des façons que nous sommes ici ancrés, fiers, nous bâtissons sur notre parole et notre expérience un espace à notre grandeur... Oui, c'est dommage qu'un tel show ne soit plus joué, diffusé partout dans la province, et ailleurs».

Une telle analyse, c'était précisément la lecture qu'en faisaient les membres de Purlaine qui savaient d'ores et déjà ce dans quoi tous s'embarquaient, d'autant plus qu'il n'avait jamais été question de renier ni de rejeter cette dimension «franco-ontarienne» de leur engagement. Bref, un vécu précieux pour Purlaine qui, plus que jamais, se perçoit comme LE groupe franco-ontarien, titre auquel les membres avaient aspiré discrètement un an plus tôt; ce titre pourrait peser sur les épaules de Purlaine puisque le groupe lorgne du côté de Montréal. Et l'on sait «qu'en ville», qu'au Québec, il faut trouver une autre façon de se mettre en valeur et de percer le marché (n'y devient-on pas un autre groupe parmi tant d'autres?).

À Montréal, l'étiquette «Franco-Ontarien» ne vend pas. Elle peut même engendrer une forme de condescendance métropolitaine. Mais il faut y être. Il faut passer par là, absolument, car un groupe musical qui fait la conquête de Montréal attire aussi l'attention de tout le Québec et, par ricochet, de tout l'Ontario français. Ça, les gars de Purlaine le savent très bien et la question les préoccupe sans cesse; Alain Grouette, perçu comme le fonceur et l'organisateur, en est surtout conscient.

Mais pour l'instant, Purlaine songe à enregistrer un disque 45 tours. Le temps est venu de passer à l'action de ce côté-là. Avec un disque, croit-on, on prendra le groupe plus au sérieux et on affichera plus concrètement son professionnalisme. Plus le disque tournera à la radio, plus le groupe sera mis sur la carte. On entame donc les pourparlers et on se met à la recherche d'un ingénieur du son compétent qui a de l'expérience en studio.

Entre temps, les musiciens décident d'élire domicile dans l'Outaouais. Pour Richard de Grandmont, Paul Demers et Daniel Major, il s'agit d'un retour dans leur région d'origine. Pour sa part, Alain Grouette souhaite depuis longtemps un tel déménagement; il s'installe avec enthousiasme à Hull.

Purlaine a le vent dans les voiles et plusieurs spectacles d'envergure à l'horaire. Sa présence est attendue au Festival de l'ail des bois, le 16 mai; une reprise du spectacle *J'ai au creux des mains une chanson* est prévue le 16 juin, au Festival franco-ontarien, à Ottawa (avec enregistrement à la radio de Radio-Canada pour diffusion ultérieure); une soirée de la Saint-Jean Baptiste est au programme le 22 juin, à North Bay; enfin, à la mi-août, c'est en Nouvelle-Écosse que le groupe doit se retrouver à l'occasion d'un autre festival, soit Le Festin de musique de la Baie Sainte-Marie.

Le Festival de l'ail des bois : «un ail qui fait mal»

C'est avec beaucoup de fracas publicitaire que s'organise la toute première édition de l'événement que l'on a baptisé Le Festival de l'ail des bois, qui doit prendre l'affiche les 16, 17 et 18 mai à Rockland, situé à quelque 35 kilomètres à l'est d'Ottawa. On promet une manifestation populaire francophone comme on n'en a jamais vu. Du sans précédent, «dont l'ampleur en fera certainement un des événements majeurs dans le calendrier culturel de l'Ontario français», peut-on lire dans l'édition de novembre 1979 du journal *Le Temps*. L'organisateur principal, Paul de Broeck, invite Purlaine au Festival et le groupe ne se fait pas prier. Ne s'agit-il pas «d'une grosse affaire»? N'en parle-t-on pas déjà comme d'un «Woodstock franco-ontarien»? Le Festival promet à Purlaine de jouer le même soir que la populaire Acadienne Édith Butler et le non moins populaire Québécois Claude Dubois. En somme, et c'est là un des objectifs principaux du Festival, il s'agit de permettre aux artistes franco-ontariens de monter sur les mêmes scènes que les artistes québécois de réputation et de leur assurer ainsi une plus grande visibilité.

Le vendredi 16 mai est le grand jour. Dès 9h30, Purlaine se présente. Édith Butler arrive vers 10h00 et Claude Dubois est sur place une demi-heure plus tard. À 11h00, les techniciens installent les moniteurs. À midi, on dîne et dès 12h30, les prises de son commencent. Dubois passe en premier, suivi de Butler. Il est 16h00 quant vient le tour de Purlaine... et tout va comme sur des roulettes. Les essais complétés, il reste une heure pour souper. Le spectacle doit commencer à 20h00.

Paul de Broeck préside à l'ouverture officielle du Festival. Le premier groupe à se produire est Laissenciel, suivi de la troupe de danse Les Ballets modernes. Et quand 22 heures sonnent, le rideau se lève sur Purlaine. Le groupe y va tout de suite d'une chanson accrocheuse écrite par Alain Grouette et qui s'intitule *Nous autres, le monde de Hearst;* côté musical, il s'agit d'un arrangement mi-gigue mi-western qui, chaque fois, a le don de soulever les foules. Puis on enchaîne avec une autre chanson de Grouette, *Histoire d'amour triste,* suivi de *Le souffle de l'automne* que signe Paul Demers. Place ensuite à *Éteins la lampe,* une création du poète Guy Lizotte, puis *Chanson inachevée* et *1929,* deux autres chansons nées de la plume de Demers.

Alain Grouette revient au micro avec sa *Révélation* et c'est Paul Demers qui clôture le tout avec l'air que tous attendaient, soit *Un jour j'irai dans le Nord,* texte inoubliable qui puise aux sources de la chanson à répondre, du rock et des rythmes latins. Paroles et musique qui ne cessent de charmer le coeur et les oreilles de plus d'un fidèle Franco-Ontarien, et ce, depuis ses toutes premières interprétations publiques. En rappel, Purlaine joue *Laisse les autres,* une brève chanson qu'interprète Paul Demers.

Tout s'est très bien passé malgré un pépin de taille; seulement mille spectateurs, même par un temps splendide, ont pointé du nez. Cela n'augure pas bien pour le Festival.

Dans la revue *Liaison* du mois d'octobre 1980, François Gilbert fait l'autopsie de l'Ail des bois en titrant son papier *Un ail qui fait mal,* car «ce festival devait être extraordinaire, plus que cela : grandiose». Or, en tout et partout, seulement 6 000 personnes ont franchi les guichets pour entendre des noms aussi connus que les Robert Paquette, Jean Marc Dalpé, Pauline Julien, Claude Dubois, Édith Butler, Le Rêve du Diable, Jean-Pierre Ferland, Vic Vogel et Offenbach.

L'Ail des bois s'avère donc un monumental *flop* financier. On estime le déficit à plus de 50 000 $. «La culture ontaroise était présente, mais fallait-il la garnir tant que cela avec de la gousse? L'ail devient un «aïe!» figuratif, une bonne claque, voilà tout», souligne François Gilbert.

Les membres de Purlaine sont donc témoins, encore une fois, d'un beau rêve qui vient de tourner au vinaigre. Décidément, ce n'est pas facile d'incarner la culture en Ontario français… Jamais rien ne sera acquis d'avance. Jamais. Mais la vie continue.

Un jour j'irai dans le Nord : le 45 tours

Investissant chacun 222 $, les membres de Purlaine entrent au Studio Passeport à Hull, les 23, 24 et 25 juillet 1980. Charles Fairfield est embauché à titre d'ingénieur. Il est prévu d'enregistrer les chansons *Révélation* (Grouette) et *Éteins la lampe* (Lizotte). On souhaite aussi le succès avec *Un jour j'irai dans le Nord,* puisque cette chanson est la plus susceptible de diriger le groupe vers la reconnaissance tant désirée et tant recherchée. Mais il faut écourter la chanson en question car sa durée dépasse largement

Le groupe Purlaine au début de l'année 1979, à Hearst; de gauche à droite : Alain Grouette, Yves Proulx, Paul Demers et Richard de Grandmont.
Photo : Jules Villemaire

Purlaine à l'été de 1980; de gauche à droite : Alain Grouette, Richard de Grandmont, Daniel Major, Paul Demers et Normand Thériault.

le format acceptable à la radio. On en profite pour enregistrer plusieurs autres chansons, toutes des oeuvres de Demers : *Rêveries, Chanson inachevée, L'espace d'un soir, Le souffle de l'automne* et *Bouteille de vin*. Quand vient le temps de graver sur le vinyle, c'est finalement la version plus «commerciale» d'*Un jour j'irai dans le Nord* en face A et la chanson *Révélation* à l'endos qui sont retenues.

Côté distribution et promotion, les membres de Purlaine décident d'en assumer eux-mêmes les frais. Emballés, excités par la sortie prochaine de ce 45 tours, ils acceptent d'être filmés pour l'émission *En scène*, coproduite par TVOntario et son pendant québécois Radio-Québec. Un conflit de personnalité vient, hélas freiner l'enthousiasme du groupe. Le batteur Richard de Grandmont et Alain Grouette en sont ni plus ni moins arrivés à se lancer des couteaux. Les pressions se font de plus en plus pesantes sur les épaules de tout un chacun. Grouette veut avancer et faire progresser Purlaine. Il lorgne toujours la métropole québécoise où il aimerait voir le groupe s'installer le plus vite possible. Mais de Grandmont et Demers demeurent très hésitants face à cette éventualité. L'harmonie n'est plus. Grouette réussit même à convaincre ses partenaires de congédier de Grandmont. Ainsi peu de temps après la sortie de son tout premier disque, Purlaine se retrouve à un point tournant qui sonne déjà le glas pour la jeune formation, d'autant plus que d'autres événements à venir sont sur le point de confirmer le début de la fin.

Aux problèmes professionnels viennent s'ajouter des difficultés personnelles pour Paul Demers. Sa mère décède en 1980 à l'âge de 45 ans, des suites d'une longue maladie. Expérience vécue durement et péniblement pour le fils souvent au chevet de sa mère à l'hôpital, quotidiennement. Stress familial et tension professionnelle font de Paul Demers un jeune homme épuisé et tourmenté, tant psychologiquement que physiquement. Il ignore encore que fomentent en lui les germes d'une grave maladie...

Deux ans de survie économique : «une dernière entrevue»

Après le concert enregistré pour l'émission *En scène*, Purlaine décroche un contrat qui lui permet de jouer pendant trois soirées consécutives dans la brasserie Avalon, à Hull. Ces spectacles constitueront en quelque sorte les derniers moments du groupe. À Brigitte Haentjens qui les questionne pour le bénéfice de la revue *Laison*, numéro du mois de décembre 1980, les musiciens font part de leur situation, des interrogations qui les rongent, des choix difficiles qui semblent dès lors s'imposer et des profondes remises en question qui les habitent. Celle qui a mis en scène le spectacle *J'ai au creux des mains une chanson* écrit :

«il n'y a qu'une alternative : soit retourner dans le bois — où la vie est moins chère! — et gratter la guitare pour les épinettes; soit tenter de sortir de l'insécurité matérielle en se lançant sur le marché... ce qui signifie gravir les échelons obligatoires, les marches du *professionnalisme musical*; après le 45 tours, se trouver un agent et se tourner du côté de... Montréal. C'est ce qu'ils se sentent prêts à faire, aujourd'hui».

Et Haentjens de citer Demers :

«L'art, c'est un business comme un autre. La musique se vend comme une boîte à savon. Faire un disque, c'est rien d'autre que ça... se mettre à penser marketing... Les acheteurs pensent que si tu fais un disque, t'es assez professionnel pour être acheté».

Il est manifeste que les membres de Purlaine en ont gros sur le coeur. Ils veulent jouer et n'hésitent pas à critiquer. Grouette est cinglant : «Pourquoi Montréal? Parce que les vendeurs en Ontario ne sont pas encore assez compétents... On ne peut pas tenter de vendre un show uniquement pour promouvoir la culture francophone». Deux ans plus tôt, il aurait été impensable d'entendre de tels propos de la part des gars de Purlaine. L'article de Brigitte Haentjens poursuit son diagnostic :

«L'engagement de Purlaine? Ils sont le seul groupe franco-ontarien à chanter en français, et pour eux, c'est déjà une forme d'engagement. La *cause* franco-ontarienne? Ils pensent déjà avoir dépassé depuis longtemps le *stade du complexe minoritaire*, même s'ils reconnaissent devoir à leur statut de minoritaire un catalyseur à leur créativité : *m'a l'faire puisqu'y a personne d'autre!*».

On sent beaucoup de frustration dans les confidences de Demers et de Grouette, et aussi beaucoup de ressentiment. En deux ans, Purlaine a parcouru quasiment toutes les routes de l'Ontario français. Mais où se produire? Vers quel chemin se tourner pour avancer? Haentjens fait écho à leur réponse :

«Purlaine regarde donc du côté du Québec. Va essayer de s'y trouver un marché. Il faut croire, décidément que l'Ontario a du mal à garder ses artistes...

Il est question de quantité de public, bien sûr, mais aussi, comme le soulignait Fernan Carrière dans le précédent *Liaison*, de diffusion, et ça ne devrait pas être le travail des artistes : Purlaine, en tous cas, n'a pas l'intention de continuer à assumer tout ensemble création, production et diffusion. Du côté du Québec, la lutte risque d'être âpre, et la concurrence sévère. Ce sera sûrement une bonne occasion de s'évaluer et d'être évalué, avec des critères non émotifs, des critères de show bizz.

En musique, plus qu'en théâtre, pratiquer son métier, c'est-à-dire jouer pour du monde, n'est pas chose facile. La musique n'étant pas considérée comme un art ne reçoit pas de manne gouvernementale. D'autre part, c'est une forme d'expression qui nécessite, si on veut en améliorer la qualité, des investissements importants dont il faut assumer l'amortissement... en jouant le plus possible. Or un spectacle se vend relativement cher, on ne vous achète que si vous avez une certaine notoriété... ou un producteur efficace.

Pour percer sur le marché musical, il y a certaines étapes à franchir, obligatoirement. Le 45 tours en est une. Dans le domaine musical, les contradictions que peuvent ressentir certains artistes sont plus aiguës que dans toute forme d'expression : Comment se faire connaître sans rentrer dans le *star system*? Comment élargir son public tout en restant marginal par rapport au *show bizz*? Comment concilier idéologie et métier dans un milieu où percer signifie souvent vedettariat et richesse? Comment vivre de musique sans concessions *à la mode, à ce qui marche*?»

Au moment où l'article de Haentjens est publié, c'est déjà le début de la fin, les Grouette, Major, Demers et Thériault commmençant à cheminer sans la couverture officielle du groupe. Le chanteur ressasse les deux dernières années de sa vie avec Purlaine. Ce n'est plus aussi plaisant, se met-il à penser. L'esprit original et la naïveté du début ont disparu. Même les ambitions de chacun sont devenues divergentes.

Une incompatibilité jusque là inattendue s'est progressivement développée et des conflits ont surgi. Demers n'épouvre pas encore ce besoin si pressant que ressent son copain Grouette, celui d'aller s'affirmer à Montréal, mais il se pose néamoins de sérieuses questions.

Paul Demers sent qu'il n'est plus en pleine possession de ses moyens pour justement «s'amuser avec le public». Il commence à soupçonner que tout ne tourne pas rond en ce qui concerne sa santé. Sous les aisselles, il sent des «bosses». Hélas, il tardera à en faire part au médecin...

La folie qui touche à sa fin :
«mon corps murmure...»

C'est le temps des Fêtes. Noël et le Nouvel An sont des moments propices à la réflexion. Demers continue son introspection et va au fond de ses interrogations. Jusque-là, Purlaine lui a permis de faire un long et utile cheminement comme artiste de la scène. Il a participé à un nombre incroyable de spectacles. Il a vraiment goûté à la tournée. Il sait maintenant ce que représente véritablement cette vie d'artiste-musicien.

Il a vécu nombre d'expériences, ne serait-ce que sur le plan humain. Son déménagement à Hearst aura, à lui seul, constitué une belle aventure. En aménageant dans la rue Alexandra, il sera tombé sur un groupe de personnes quand même hors de l'ordinaire : des jeunes comme lui, mais qui se souciaient le plus sérieusement du monde de leur santé et de leur alimentation.

Voici ce dont se rappelle Yves Proulx, premier joueur de guitare basse de Purlaine : «Il s'agissait vraiment d'un style de vie bien organisé qui a peut-être beaucoup étonné Paul au début. L'un avait la tâche de faire le déjeuner, l'autre le dîner, un autre le souper, etc. Les règles étaient bien précises et c'est comme cela que la maisonnée fonctionnait».

C'est aussi à Hearst que Demers se sera lié d'amour avec sa future épouse, Jeanne Gagnon. Elle est la soeur de Daniel, ancien résident du 501 Alexandra, étudiant en naturopathie et gérant du magasin d'aliments naturels Le Pôle. Non seulement Jeanne deviendra-t-elle l'épouse de Demers, mais Daniel, le futur beau-frère, sera une figure des plus importante aux cours des mois qui suivront. Demers ne s'en doute pas encore cependant.

Côté artistique, Paul Demers aura eu l'occasion d'expérimenter au niveau de l'écriture. Mais pas autant qu'il l'aurait souhaité. N'ayant jamais su imposer ses textes et sa musique, et défendre avec fermeté la vision qu'il avait de ses propres compositions, il a eu à remâcher ses aspirations à plus d'une reprise. Yves Proulx se souvient que «Paul n'a jamais pris la place qu'il avait à prendre. Il n'était pas le genre à argumenter longuement pour défendre le bien-fondé de ses idées. Avec Alain, si tu n'étais pas prêt à faire cela, tu ne pouvais pas développer ni implanter tes idées». À ce niveau-là, ajoutera Proulx, il eut été plus agréable pour toutes les personnes intéressées que Purlaine ait fonctionné d'une manière plus démocratique, sans que quiconque n'ait eu à composer avec «le stress d'avoir à plaider» ardemment sa cause.

Même si Demers n'aura pas toujours eu l'arrangement souhaité pour ses chansons, jamais n'a-t-il osé contester le leadership de Grouette. Reste que cette faiblesse, ce manque d'assurance, ce trait de caractère que Proulx décrira comme étant *mellow*, lui aura coûté quelques insatisfactions (Demers n'en fera la confidence que beaucoup plus tard au moment d'une conversation avec Yves Proulx lors d'une visite à Hearst). «Paul a toujours eu l'attitude suivante : de prendre les choses comme elles viennent et de ne pas se compliquer la vie. Il croyait qu'avec le temps, tout pouvait s'arranger, que tout finissait par se placer. Son moto, c'était de ne pas se casser la tête avec un rien», rappellera aussi Richard de Grandmont.

Victor Grandholm, un autre des résidents du 510 Alexandra, s'étonnera même que Purlaine ait duré pendant ces deux années : «Il s'agissait d'abord de jeunes musiciens que la vie attirait de plusieurs côtés à la fois et qui étaient déchirés par ce que la vie leur offrait de possibilités. Les tensions occasionnées bien souvent par les constants soucis d'ordres financiers, bien plus que personnels, étaient loin de favoriser l'harmonie absolue au sein du groupe. Ils voulaient tellement réussir».

Ce sont finalement les dures réalités du métier et de la vie qui auront eu raison de Purlaine. Plusieurs années plus tard, dans le numéro du printemps 1988, de la revue *Liaison*, Demers lui-même affirmera à la journaliste Chantal Payant que Purlaine aura été un deuxième souffle pour sa carrière :

«À partir de ce moment-là j'ai commencé à travailler avec des musiciens, des techniciens du son, à louer des systèmes de son, c'était la grosse machine, quoi! Ça m'a initié à cet aspect-là du métier, celui des tournées, celui des répétitions. Purlaine, c'était une école pour tous ceux qui y ont gravité. Il y en a qui ont appris que ce n'était pas ce qu'ils voulaient faire, il y en a d'autres qui ont appris qu'ils voulaient aller à Montréal, puis il y en a certains, comme moi, qui ont décidé de se retirer, pour se retrouver un peu...»

«Mon corps murmure»
1981

La maladie :
«Ange, entends-moi, le ciel est trop bas»

Ottawa, 11 mai 1981 : «Embarquement des plus énervant; les douanes, le départ, l'immigration... Affreux. J'ai failli fondre. Un bon vingt minutes qui m'ont paru une heure. Écoeurant, énervant. Faut que je me rapporte à l'agent en revenant. Là, je relaxe de l'avoir écrit». Calepin jaune.

Paul Demers vient d'embarquer pour un périple qui le conduira jusqu'à Santa Fe, au Nouveau-Mexique, via Toronto, Atlanta et Albuquerque. Il envisage d'aller puiser aux tréfonds de son être la force intérieure qui lui permettra, espère-t-il, d'accepter et de vaincre la maladie dont il souffre officiellement depuis quelques mois : la maladie de Hodgkin, ou cancer des tissus du système lymphatique.

S'il s'embarque en direction de Santa Fe, c'est qu'il sent en lui le besoin de se retrouver, de penser, de méditer, de se ressourcer et, surtout, d'aller voir du côté de la médecine dite douce puisque selon lui, la médecine conventionnelle n'a pas su jusqu'ici faire beaucoup en matière de guérison. C'est ni plus ni moins une odyssée spirituelle qu'il est sur le point d'entreprendre.

Depuis combien de temps est-il atteint de ce mal? Il avait déjà commencé à douter que tout n'allait pas rondement vers Noël 1980. Mais ce n'est que suite à une visite rendue à son père, hospitalisé plus tôt dans l'année, que son sort s'est précisé. En discussion avec lui, il mentionne qu'il a des «bosses sous les bras». Il se permet même des farces : «J'ai le cancer du dessous de bras». Mais inquiet, Demers-père demande à son médecin d'examiner son fils à la suite de quoi on suggère au chanteur de se rendre à un centre de radiographie.

Une fois le résultat des radiographies disponible, le verdict de la maladie de Hodgkin est officiellement annoncé. «C'est comme si je le savais déjà, affirme aujourd'hui le chanteur. Ce fut vraiment une confirmation». De retour chez lui, il se souvient que tous les membres de sa famille immédiate l'attendaient. «C'est ça», a-t-il dit froidement. Et chacun alors de s'empresser d'exprimer sa peine et son regret.

La maladie de Hodgkin est identifiée lorsqu'il y a un accroissement malin de certaines cellules des nodules lymphatiques; celles-ci peuvent se retrouver dans des contextes que l'on dit locaux ou généralisés dans le corps. On ne connaît pas encore les causes exactes du Hodgkin. L'incidence de la maladie est la plus élévée dans le groupe d'âge situé entre 15 et 35 ans, de même que chez les 50 ans et plus.

La maladie de Hodgkin peut être découverte de façon tout à fait inattendue lors d'un examen de routine (radiographie) même chez un individu sans symptômes apparents. Dans d'autres cas, et ce pour maints patients, on constate comme premier symptôme, une enflure ou un accroissement des nodules lymphatiques, tout spécialement dans le cou, la poitrine, la gorge et les aisselles. Mais bien souvent, à ce stade de la maladie, les patients ne rapportent aucune plainte. Cependant, plus la maladie progresse, plus l'enflure s'accentue, rendant plus visibles les nodules lymphatiques tout en occasionnant d'intenses démangeaisons, de la fièvre, des sueurs pendant la nuit, une perte de poids et l'invasion des nodules internes jusqu'à la moelle osseuse. Des fièvres cycliques peuvent aussi se développer, quelques jours de fièvres intenses alternant avec des journées ou des semaines de températures normales ou sous la normale. Si la moelle osseuse est atteinte, le patient doit généralement s'attendre à connaître des maux de dos. Plusieurs patients démontrent aussi une diminution importante des capacités du système immunitaire; nombre de patients décèdent bien souvent des suites d'infections secondaires. Lorsqu'un patient se plaint, suite à l'accroissement des nodules lymphatiques dans le cou ou dans la région supérieure du torse, qu'il y ait fièvre ou non, sueurs nocturnes ou perte de poids, la maladie de Hodgkin est alors très souvent mise en cause. Toutefois, le diagnostic ne peut être établi généralement que suite au prélèvement d'une biopsie et à une étude de comportement des cellules.

Les experts ont aussi constaté que la maladie se développe habituellement en quatre étapes bien précises; chez beaucoup de souffrants, la progression de la maladie peut être localisée et même stoppée grâce à la radiothérapie ou la chimiothérapie, voire suite à une combinaison de ces deux traitements. Au premier stade du Hodgkin, le cancer est limité à un nodule lymphatique précis. Au second stade, il s'étend à deux nodules ou plus sur le même côté du diaphragme (le muscle qui sépare la poitrine de la cavité abdominale). Au troisième stade, les nodules lymphatiques des deux côtés du diaphragme sont touchés; la rate est parfois atteinte. Au dernier stade, la maladie est présente ailleurs dans les nodules du système lymphatique, souvent dans la moelle osseuse, dans les poumouns ou dans le foie.

Pour vérifier et déterminer à quel stade de la maladie un patient se retrouve, les spécialistes utilisent une variété d'examens et de techniques. Une laparotomie (chirurgie à l'intérieur de la cavité abdominale) doit souvent être pratiquée pour prélever des biopsies du foie et des nodules lymphatiques de la cavité abdominale. Dans certains cas, il est même possible que l'on procède à l'ablation de la rate.

La chimiothérapie (médicament) et la radiothérapie sont habituellement les deux voies de traitements de choix chez la plupart des patients. Bien souvent, tout dépendant du stade de la maladie de Hodgkin, elle peut être vaincue dans 90 à 95 pour cent des cas pour des périodes plus ou moins prolongées mais avec l'aide de la radiothérapie.

Les médecins ont remarqué qu'au premier stade du Hodgkin, la radiothérapie s'avérait particulièrement efficace et même que les individus pouvaient éliminer toute trace de la maladie dans environ 95 pour 100 des cas. Au deuxième stade, la radiothérapie sera efficace si elle peut être dirigée vers des nodules lymphatiques bien spécifiques. Au troisième stade, on utilise la chimiothérapie dite «combinée», c'est-à-dire un traitement de quatre médicaments. Si les nodules sont particulièrement larges, des sessions de radiothérapie peuvent être de mise. Au quatrième et dernier stade de la maladie, seule la chimiothérapie s'avère efficace. Comme pour la plupart des cancers, la détection précoce du Hodgkin est souhaitable pour de meilleurs pronostics.

Le diagnostic maintenant officiel, comment Paul Demers a-t-il vécu les semaines suivantes? Il a essayé de comprendre, de rationnaliser ce qui lui arrivait. Suite à ses nombreuses lectures, il s'est surtout demandé pourquoi la maladie de Hodgkin est apparue en lui. Serait-ce dû à trop de refoulements? Il a longuement pensé alors à la peine ressentie lors de la maladie de sa mère, décédée prématurément à l'âge de 45 ans, plusieurs mois auparavant. Paul Demers se rappelle alors les moments passés au chevet de sa mère. Il se souvient avoir été le témoin impuissant du dépérissement de son état de santé. Cela l'aura profondément touché, marqué inconsciemment aussi. Peut-être à un point qu'il n'aurait même pas soupçonné. Ce traumatisme ainsi que d'autres refoulements auraient-ils contribué à l'apparition du Hokgkin dans son corps? Il le croit.

Dix ans plus tard, il fait le constat suivant : «À quelque part, je fais le lien entre le déclenchement de ma maladie et celle qui a mené au décès de ma mère à un âge prématuré. Tout ce que je n'avais pu lui donner pendant son existence, j'ai alors tenté de le lui offrir à l'hôpital. Pour récupérer le temps. Mais tout cela a été finalement un épuisement émotionnel et physique pour toute la famille. Ça m'a vidé».

Tout en s'interrogeant, Demers décide de se renseigner, de lire attentivement et avidement afin de comprendre la nature de la maladie qui le ronge maintenant et qui, il le sait fort bien, menace de l'emporter. Il traverse des périodes de découragement, mais est soutenu généreusement par Jeanne Gagnon, son amie de coeur qu'il a connue du temps de Purlaine. Il décide de «se prendre en main» et se méfie tout de suite de la médecine conventionnelle. Cette prise de conscience, il l'a doit beaucoup aux expériences vécues au chevet de sa mère mais aussi au fait qu'il a un peu tâté le domaine de l'alimentation naturelle et toute la philosophie de vie s'y rattachant. Ouvert d'esprit, il dévore tout ce qui lui tombe sur la main. Il organise ce voyage à Santa Fe, au Nouveau-Mexique, là où le frère de Jeanne, Daniel, étudie maintenant dans le domaine de la naturopathie (approche qui promeut la santé et la guérison par le biais d'une alimentation naturelle ou, si l'on veut, par ce qu'il est souvent convenu de qualifier «la médecine douce»). On se souviendra que Paul Demers avait bien connu Daniel Gagnon qui résidait au 501 de la rue Alexandra, à Hearst, avec les membres de Purlaine.

Sa méfiance face à la médecine conventionnelle devient plus aiguisée dès que son médecin mentionne l'ablation possible de la rate. La médecine douce semble alors une voie beaucoup plus acceptable, voire remplie d'espérance. Demers opte donc pour «ne pas se mettre dans les mains de quelqu'un d'autre». Déjà, grâce à ses recherches, il a découvert que dans sa «malchance», il est finalement «chanceux»; les chances de guérison, quand il s'agit de la maladie de Hodgkin, sont parmi les meilleures qui soient. Sa petite vie de créateur un peu solitaire, il doit désormais l'assumer jusqu'au bout. C'est ce qu'il se dit. Pourtant, le cheminement est douloureux et la meilleure des volontés connaît par moment des embûches. Il apprend à apprivoiser sa maladie, même à la domestiquer. Hodgkin devient un oiseau symbolique qu'il aime à se représenter comme étant la mort, perchée sur ses épaules. La bête est là, omniprésente, infatigable. Doit-il ignorer cet oiseau ou le regarder en face?

Paul Demers commence à livrer ses impressions dans des calepins qui l'accompagneront presque quotidiennement au cours des semaines qui viennent. Le 12 avril, il note les sentiments d'ennui qui l'animent : «J' me sens si seul ce soir, j'ai la tête pleine d'idées noires, j' peux pas dormir, mon corps me fait trop mal». Dans un mois, il prévoit partir pour Santa Fe. Il y pense. Il l'écrit aussi : «Bientôt, je partirai. Bientôt je partirai pour le soleil...». D'ici là, il vit les jours au gré de marches quotidiennes dans la ville d'Ottawa. Calepin et stylo à la main, il observe, écrit et commente ce qu'il ressent, rendant compte presque de manière indifférente ce dont il est témoin. Il s'arrête ainsi un jour de mai près du canal Rideau et remarque que, d'un coté, des centaines de personnes font la fête bruyamment sur des airs de jazz pendant que, sur la rive opposée, un gréviste de la NABET, pancarte au bout du bras, défile. «Scène d'un premier mai», note-t-il tout simplement. D'autres jours, l'inspiration vient de la lecture des oeuvres de Jack Kérouac et de Jim Morrison dont il retranscrit certains passages dans son calepin. De **Mexico City Blues**, de Kerouac, il traduit : *Je n'ai rien d'autre à faire le restant de mes jours sauf le faire et le restant de mes jours pour le faire.* En exergue, il écrit WOW!

Le 27 avril, il se livre une fois de plus, avouant qu'il ne fait «que commencer à se connaître». Il a enfin l'impression de «reprendre contrôle sur lui-même». Dans la poésie du défunt rockeur américain Jim Morrison, il puise une fois encore quelques textes qu'il traduit le plus fidèlement possible. Exemple : *Le sujet dit : «Je vois d'abord beaucoup de choses qui dansent... Puis tout se lie peu à peu».*

Ce dernier extrait est très révélateur du cheminement spirituel dans lequel Paul Demers décide de s'aventurer. C'est précisément dans cet état d'esprit, avec tout le bagage qu'il vient d'acquérir et dont il s'est imprégné autant qu'il l'a pu, qu'il s'embarque pour Santa Fe, royaume et sanctuaire du mouvement Nouvel Âge, dont les pratiques puisent aux sources de la psychologie, du mysticisme, de la para-psychologie et de nombreuses philosophies religieuses d'ici ou d'ailleurs.

Le départ : «j'm'envolerais au-dessus des nuages»

«Oh, Wow! les nuages», écrit Demers dans son calepin alors qu'il survole les nuages pour la première fois depuis longtemps. «Sous mes pieds, y a des nuages; j'm'en vais quelque part pour respirer, ne pas prendre de l'âge».

Il sent que son périple constituera probablement le voyage le plus important de sa vie. Et c'est dans ses trois calepins de notes — un jaune, un rouge et un vert — qu'il livrera ses impressions. Il s'assoupit un moment... il se réveille. C'est toujours le soleil, le ciel bleu de l'autre côté du hublot.

20 heures 35, heure d'Albuquerque, à bord du vol Atlanta-Albuquerque : «Dans la nuit, je vois des villes sous moi, à perte de vue. Étrange et fascinant pour un Canadien. Les USA sont peuplés. À bord, un vieillard paie un *drink* à deux officiers militaires américains et entame une conversation sur le patriotisme».

Plus tard, Demers cause un peu avec l'un d'eux et apprend que son interlocuteur est originaire d'Albuquerque. L'Américain lui parle de son coin de pays; Demers, du sien.

À l'arrivée, le chanteur est accueilli par son ancien colocataire du Nord. Daniel Gagnon a fait le trajet en automobile depuis Santa Fe. Les deux hommes se donnent une chaleureuse accolade et se remettent en route. Ce n'est finalement que vers 1h30 du matin (3h30, heure d'Ottawa) que Paul Demers peut noter dans son calepin : «Je me couche, je suis épuisé». Il ferme l'oeil. Demain, et pour un mois, le chanteur commence «la recherche de lui-même».

Santa Fe : «je cherche une sortie dans la nuit»

Le mardi 12 mai — Visite chez un iridologiste parce qu'une photographie des yeux est nécessaire. En se couchant, il écrit : «Je m'ennuie de ma belle (Jeanne). Il y a un vide».

Le mercredi 13 mai — «Les montagnes qui entourent Santa Fe m'ont paru splendides et majestueuses. Elles m'ont redonné le goût de dessiner».

Le jeudi 14 mai — Rencontre avec un herboriste et un acupuncteur qui suggèrent de suivre la route de la chimiothérapie. Le chanteur en est bouleversé.

Le vendredi 15 mai — Calepin vert : «Aujourd'hui, j'ai reçu une lettre de ma belle, ce qui fut très bon pour le moral et pour le coeur. Ce matin, j'ai commencé à mettre en pratique l'horaire type : lecture du pouls à 7h30, suivie d'une marche d'une demi-heure; massage au gant de crin à 8h30, puis douche à l'eau chaude et à l'eau froide; deuxième lecture du pouls à 9h00; déjeuner en prenant soin d'absorber les minéraux et les vitamines prescrites; période de lecture; traitement particulier à 14h00 : se recouvrir d'une couverture électrique pour suer le plus possible, puis se reposer en s'allongeant dans un bain de sel. À 14h30, prise de minéraux, suivie d'une séance de visualisation (la visualisation est une technique encore controversée mais largement utilisée en médecine dite holistique). L'une des lois fondamentales de la médecine holistique est justement l'étroite relation qui existe entre le physique et le mental, les émotions et le corps, alors que tous les niveaux seraient intimement liés les uns aux autres; une maladie serait donc une bonne indication de la présence d'un malaise intérieur profond, d'une tension et d'un état d'anxiété quelconque.

Le samedi 16 mai — À jeun pour des tests de kinésiologie appliquée, pratiqués sur les muscles pour «lire» les différents niveaux d'énergie en action dans le corps. (À ne pas confondre avec la kinésithérapie qui traite les maladies des os et des articulations par des mouvements imposés que l'on combine à la pratique de certains massages).

Le dimanche 17 juin — Séance de kinésiologie. Lecture de l'aura. Avec ses mains, la kinésiologiste «fouille» l'aura de Demers pour s'arrêter à ce qu'il est convenu de nommer la couche astrale ou émotionnelle. Il lui aurait apparu comme arbre immense, admiré de beaucoup de petits arbres à ses pieds. Mais cet arbre immense n'assume pas son identité et est complexé, incapable de développer son plein potentiel, ses «pouvoirs immenses». Ce manque de confiance serait dû au trop peu de racines en terre. Demers souscrit immédiatement à cette vision. C'est vrai, pense-t-il aussitôt, il n'a jamais eu le sens de la réalité, du «terre à terre». La kinésiologiste lui donne des remèdes homéopathiques et de l'eau de fleur «selon ses vibrations». En fin de soirée, il note dans son calepin : «J'ai lu. J'ai écrit. Je me couche... Mon lit est froid comme à tous les soirs, J'ai perdu l'habitude de me coucher seul. Je m'aime. Je veux vivre. Je guéris».

Lundi 18 mai — Une journée tranquille. Série d'exercices. Préparation d'un mélange d'extraits de plantes.

Le mardi 19 mai — Séance de yoga. «Le moral est assez bon et stable pour le moment» confie-t-il à son calepin.

Mercredi 20 mai — Session de radiesthésie ou d'étude de la réceptivité particulière à des radiations qu'émettraient certains corps. Le facteur le plus déterminant de la maladie serait d'origine spirituelle. «Je devrai avoir une séance de *reprogrammation* du Hodgkin, ce qui veut plus ou moins dire de réévaluer le subconcient et le conscient pour découvrir les raisons ou les motifs qui expliquent l'existence de cette maladie dans mon corps et pour redéfinir l'action que ces motifs devrait suivre. En quelque sorte, il s'agit de concentrer les énergies à des fins moins destructives». Jeanne lui téléphone. Un appel d'une demi-heure qu'il trouve particulièrement réconfortant et stimulant. Finalement, c'est une journée qu'il qualifie de significative, «d'un autre pas vers la guérison».

Le vendredi 22 mai — «Aujourd'hui, je suis allé en montage avec Daniel Gagnon : le grand air, les herbes nécessaires à mon médicament externe. En soirée, session de guérison (*healing session*). Sept personnes concentrent leurs énergies positives sur moi pendant une quinzaine de minutes.» Note dans le calepin jaune : «Tous ces malheurs, toutes ces maladies, toutes ces guerres... Pourquoi? Pourquoi? Pourquoi? Parce que... La vie».

Le dimanche 24 mai — «La kinésiologiste me reproche un manque d'organisation, une part d'irresponsabilité. Je fus très surpris et très touché par ce discours qui me fut aussi des plus blessant et humiliant. Je croyais que je faisais bien jusqu'ici. J'en ai pleuré, ne sachant plus quoi dire. Elle n'a pas voulu me blesser mais plutôt me secouer. Elle a réussi. Une fois seul, j'ai vécu la session de larmes la plus intense que j'ai eue depuis mon enfance, pleurant à la fois la perte de ma mère, la honte de lui ressembler (défaut de paresse et d'insouciance), l'amour courageux et non-mérité de Jeanne à mon égard».

Le lundi 25 mai — «Hier, j'ai écrit en gros sur une feuille : **Prends-toi en main Paul et tu guériras**. Aujourd'hui, j'y ai ajouté : **Pense à Jeanne.**» Jeanne est en vacances chez ses parents à Hearst. Il lui écrit une lettre qu'il n'enverra pas. «Je m'ennuie et c'est bien ainsi... de revivre toutes ces émotions que j'avais oubliées et refoulées au creux de mon âme. Je souhaiterais être à Hearst en ce moment, là où, au fond, nous sommes toujours heureux».

Le mardi 26 mai — Les montagnes du nord, à une cinquantaine de milles de Santa Fe : baignade dans un ruisseau d'eau chaude. «J'ai eu une belle journée, inscrit-t-il dans son calepin. Merci mon Dieu!».

Le mercredi 27 mai — Session chez l'acupuncteure-masseure. Elle appose ses mains dans la région du foie, du coeur et aussi sur les ganglions enflés. «Elle me demande de prendre l'énergie qu'elle offre via ses mains. Elle me rappelle que je dois aimer et même bénir mon corps et tout ce qui y entre. Que je dois me pardonner, à haute voix, d'avoir abusé de mon corps, plutôt que de me le reprocher... Elle m'a demandé de marcher pieds nus dans l'herbe ou le sable aussi souvent que possible». Il faut que j'aime mon corps, que je le cajole et que je le guérisse par amour».

Le jeudi 28 mai — «Le temps est gris aujourd'hui, ma belle, mais j'ai quand même écrit une chanson pour toi :

Le prochain avion

C'est une enfant, c'est une femme
J'suis son amant et c'est ma dame
Malgré les kilomètres, même les tempêtes
Je prendrai le prochain avion (bis)

J'peux pas trouver les mots pour me satisfaire
Des qualités de sa peau, des qualités de sa chair
Tout ce que je sais, c'est que dans ma tête
Y'a qu'une idée... et rien ne m'arrête
De prendre... le prochain avion (bis)

Ça fait trop longtemps que je suis parti
Ça fait trop longtemps que je m'ennuie
J'peux plus rester en place
J'ai réservé une place
Je prendrai le prochain avion (bis)

Son côté créateur refait peu à peu surface. Il s'en réjouit tellement qu'il passe plusieurs heures à jouer, guitare en mains, chansons dans l'âme.

Le dimanche 31 mai — Séance d'acupuncture et exercices de visualisation pour essayer de «me libérer de ma mère». Séance terminée, il prend la route vers les montagnes. Évidemment, Daniel Gagnon est du périple. C'est dans le parc national La Gila qu'ils passeront les trois prochaines nuits à dormir à la belle étoile.

Le jeudi 4 juin — «Il existe une peur... celle d'être venu ici pour retourner à Ottawa inchangé». Rencontre avec Dale Ambrum qui oeuvre en kinésiologie et en radiesthésie. De cette rencontre, Paul Demers écrira plus tard : « Pour prononcer son diagnostic, Dale se sert premièrement de son expérience en tant que personne atteinte d'une maladie chronique (sclérose en plaques). Deuxièmement, il utilise la kinésiologie avec un mélange de radiesthésie; il se sert de cristaux qu'il place, une fois l'application terminée, sous une petite pyramide. Une amitié réciproque et intuitive est en train de se développer entre nous deux. Il m'a dit qu'il invitait rarement des personnes chez lui. Il travaille avec des personnes chez lesquelles il sent un enrichissement mutuellement possible. Donc, je le revois lundi matin, avant de partir, et je crois que nous allons correspondre».

Le vendredi 5 juin — «Session de reprogrammation de ma maladie. C'est à dire que nous avons travaillé sur les raisons de ma maladie, pour les rassembler et les définir (on est pas obligé de les identifier), puis ensuite les envoyer au fond de ma créativité et de trouver des moyens nouveaux pour que ces raisons (valeurs) trouvent existence et s'accomplissent par d'autres canaux que celui de ma maladie.» En soirée, au collège où Daniel Gagnon étudie, des amis visionnent un enregistrement vidéo de Purlaine. Pendant que les gens écoutent, Paul Demers écrit à bâtons rompus : «*Chanter par coeur* est l'une de mes chansons favorites parce que... tellement vraie». Puis, dans la page qui suit, il dessine son portrait. «*En attendant demain...* c'est l'histoire de Purlaine — Dormez-bien mes amis car demain, cette folie touche à sa fin... Je me vois déjà sur l'avion qui me ramènera chez moi. *Un jour j'irai dans l'Nord,* un beau folklore. S'aimer, c'est savoir que l'on a fait ce que l'on a pu. Et savoir que le meilleur est à venir».

Le mercredi 10 juin — Dernière marche matinale avant le départ pour l'aéroport d'Albuquerque. 11h15. À bord du vol en direction d'Atlanta, tout juste avant que l'avion ne décolle, il se félicite : «Le mois fut des plus enrichissant et stimulant. Mes espérances ont été plus que comblées. Je me sens équipé pour défaire cette maladie... Ça y est l'avion bouge. J'expérimente en ce moment, et pour les quelques semaines à venir, une certaine crainte, un certain débalancement que je crois tout à fait normal. Je devrai vivre avec mon nouveau moi, une nouvelle façon de socialiser, d'aimer, etc. J'ai l'impression qu'il va falloir que je redouble ma conscience pour ne pas perdre tout le terrain gagné dans ce processus de croissance personnelle. Je sais déjà que je sentirai le besoin de partager et de donner les énergies et les connaissances que j'ai accumulées ce dernier mois. Je devrai prendre mes responsabilités comme jamais je ne les ai prises. C'est la seule façon que je continuerai le travail déjà commencé; mes responsabilités face à ma maladie (santé), à Jeanne, mes finances, mon travail, la nutrition, l'amour que je dois semer, tout ça, il me semble, coulera tout doucement sans énervement, sans stress. Je devrai aussi donner de mes nouvelles à tous ceux qui m'ont aidé. Bref, je devrai m'aimer assez pour tout faire cela et bien le faire. Je devrai prendre le temps de faire mes visualisations, mes méditations et de rendre grâce à Dieu. Et je serai guéri!»

Le retour : «marche tout droit, surtout n'hésite pas»

Entre les visites familiales et amicales, Paul Demers arrive mal à surveiller sa diète. De plus il fait un peu d'acné. Il n'aime pas. Dès le mardi suivant son retour, il se réveille tôt le matin avec des maux à l'épaule et au bras gauche; des douleurs qui lui sont familières. Six jours plus tard, il note dans son calepin que les ganglions sous le bras l'inquiètent. Ceux-ci provoquent des douleurs inhabituelles. Selon un ouvrage de référence que le chanteur consulte, il est possible que ces malaises soient causés par son retour à Ottawa, qu'ils soient dûs à un «stress de changement».

«Mon retour, révèle-t-il, est stressant, en ce sens que beaucoup d'expériences nouvelles m'accaparent tout d'un coup. (...) De toute façon, ce matin, vers 5 heures, je me suis levé pour méditer un peu sur ma douleur et la laisser passer». Les malaises continuent de l'importuner pendant quelques jours. Mais grâce aux techniques de visualisation et de méditation, il croit réussir à faire rapetisser les ganglions. Le 24 juin, (jour de la Saint-Jean, prend-il soin de noter), il arrive à les maîtriser. «Justement parce que le tourment a laissé place à la logique et à la confiance», pense-t-il.

Mais il est difficile de vaincre et de mater des vieilles habitudes. Le chanteur se couche plus tard que prévu à plus d'une occasion, délaisse ses médicaments naturels à plus d'une reprise et devient la proie de cauchemars. Lorsqu'il se rend compte que grossissent ses «bosses», sous les bras et dans le cou, il tente de reprendre le terrain perdu en redoublant ses portions médicinales. Son «corps murmure» mais il arrive à se convaincre que l'orage passera. «Un peu de musique de l'âme, écrit-il dans l'un de ses calepins, guérit beaucoup de maux». Il n'a qu'une raison : retourner puiser l'énergie intérieure acquise lors du séjour au Nouveau-Mexique.

Paul Demers au Festival franco-ontarien de 1979. Photo : Carmélie Laflamme

Le 30 juillet 1981, Paul Demers est en vacances dans le Nord en compagnie de son amie. Le fait de se retrouver chez les parents de celle-ci, à Hearst, le rend calme et serein. Il écrit : «Je me sens en paix avec moi-même. Ce que j'ai vécu ces derniers mois m'a permis de me ressourcer d'énergies perdues. Je sens que le *rebirth* est déjà commencé et qu'il me sauve des tourments passés. Je suis actif en ce moment et j'envisage un automne des plus enrichissant. Mes inquiétudes se font de plus en plus rares».

Comme cela lui arrive souvent, il note une phrase qui l'a frappé au cours d'une lecture : selon le yogi Sri Yukteswas : *Imagination is the door through which disease as well as healing enters* (l'imaginaire est la porte par laquelle entre la maladie autant que la guérison). Maxime qui ne peut que l'encourager, surtout dans cette période critique de sa vie.

«Pour le meilleur, pour le pire» : vers la chimiothérapie
1982-1984

Dès son retour de Santa Fe, Paul Demers n'hésite pas à reprendre le collier, le boulot, sa guitare et ses chansons, tant il est insufflé de l'énergie spirituelle dont il s'est imprégné au Nouveau-Mexique. Il donne d'abord un atelier au Festival de Théâtre Action, du 27 juin au 4 juillet 1981, puis se remet plus allègrement au travail en s'associant et en jouant avec divers musiciens et artistes, chaque occasion lui permettant de renouer avec le milieu professionnel et d'entretenir des échanges stimulants. Le chanteur n'a pas aussitôt mis la main à la pâte qu'il caresse déjà un rêve. Demers projette en effet l'enregistrement d'un premier 45 tours solo, qu'il situe au début de l'été 1982, suivi comme il se doit d'une série de spectacles à travers la province.

Entre temps, il écrit la musique d'un spectacle pour le Théâtre de la Vieille 17. À cette même époque, il retranscrit dans son calepin un graffiti dont le message s'avère on ne peut plus révélateur du nouvel état d'esprit frondeur qui l'anime : *Beware of those who live inside themselves,* qu'il traduit par «Méfiez-vous de ceux qui vivent intérieurement». Si son expérience au Nouveau-Mexique l'a rendu plus serein et plus paisible, elle n'a en rien diminué sa fougue.

Au mois de janvier et février 1982, Paul Demers répète activement avec ses musiciens pour des mini-spectacles dans le réseau scolaire de la région d'Ottawa. En juin, il devient assistant à la pré-production du premier microsillon de Donald Poliquin, un grand ami de Hearst, venu poursuivre sa carrière de créateur dans l'Outaouais. Ce faisant, il se prépare à monter sur scène à l'occasion du Festival franco-ontarien, avec un nouveau spectacle qui lui ressemblera, qui lui conviendra et dont il devra guider le déroulement à sa guise, comme dans le bon vieux temps de ses soirées en solo. Il a de nouvelles mélodies à faire entendre, de nouveaux textes à partager et un son tout frais. Quant aux chansons les plus connues de son répertoire, elles font l'objet de tout nouveaux arrangements.

Le chanteur est confiant. Ses musiciens sont tous prêts : Michel Cloutier à la batterie et à l'arrangement de la plupart des musiques, Peter Gould au saxophone et à la flûte traversière, Sylvain Lavoie aux claviers et aux synthétiseurs, Michel Loiselle à la basse électrique. Le soir de ce spectacle important, le chanteur bouillonne de nervosité. L'animateur demande qui parmi la foule ne le connaît pas. Silence. «J' pense qu'on ne présentera pas le show ce soir», annonce-t-il devant une foule aux bras levés et aux mains agitées.

Mesdames, messieurs : Paul Demers... Il enchaîne aussitôt avec une nouvelle version de *Chanter par coeur*, la chanson qu'il fera sans doute graver sur vinyle d'ici quelques semaines. Le public découvre des chansons aux accents jamaïcains, ceux de la musique reggae. Demers crie son goût de vivre. On le sent, il est «dedans». Cette première chanson terminée, il ne peut contenir sa joie et se dit surpris de voir autant de gens debout devant lui. «Allright!» s'exclame-t-il. Peut-être par goût de contraste en ce soir du solstice d'été, Demers présente ensuite *Le souffle de l'automne*. Nouvel arrangement. Encore du reggae. Comme troisième pièce, une toute nouvelle chanson, inconnue jusque-là du grand public, *Le temps de l'oméga*, «pour ceux qui passent à travers quelque chose qui les amènera ailleurs».Tout le premier volet de son récital se joue sous l'air reggae, truffé par ci et par là d'accents de jazz et de rock-fusion avec *L'envolée, Éteins la lampe, Bouteille de vin, Ce matin* (nouvelle chanson interprétée en solo), *En attendant demain* (où il invite le public à chantonner). Il offre aussi *Coulson PM*, résultat d'une collaboration avec Louis Lavoie qui en signe le texte. Pour la musique, Demers a choisi un air de blues, langoureux comme le sujet de la chanson des effeuilleuses le suggère.

Place ensuite au grand succès du temps de Purlaine, *Un jour j'irai dans le Nord,* auquel il incorpore une nouvelle idée, soit la syncope sur le temps faible qui suit le refrain mais qui apparaît tout juste avant la reprise des couplets. La chanson garde toujours autant d'énergie que dans le bon vieux temps... Et comme dernière chanson, il propose une berceuse, *Dors si tu peux,* sorte de ballade amoureuse qu'il termine en un crescendo invoquant le départ vers une certaine terre promise.

Le public en redemande. Demers revint sur scène avec *Le train du soir,* après quoi il salue humblement ses *fans* qui encore une fois se font bruyants : tollé de sifflements, de cris et d'applaudissements. Le chanteur conclut finalement en beauté avec *Grey Owl* que les sons synthétiques du clavier de Sylvain Lavoie agrémentent avec tact et intelligence.

Spectacle des plus important pour Paul Demers, il va de soi, mais pas question pour lui de se reposer sur ses lauriers. Il y a un 45 tours à mettre sur le marché. Impossible de s'arrêter. Il faut poursuivre sur la lancée, celle du *comeback*.

Le chanteur choisit de graver *Chanter par coeur* et *Éteins la lampe*. Comme il a lui-même changé, sa musique aussi doit changer. Le son sera reggae. Demers n'est plus le même; il n'est plus associé à un groupe; il doit se démarquer du son Purlaine et le public devra en prendre note. Il part pour Montréal enregistrer les plages sonores au studio Acoustic I. Pour les arrangements, il s'associe à Yoland Houle (un musicien qui a beaucoup tourné avec Robert Paquette et Paul Piché, notamment). Houle sera le bassiste pour l'occasion et Pierre Hébert, du défunt groupe Octobre, le batteur attitré. Aux claviers, on retrouve Scott Price et, à la flûte traversière, Alan Walsh (lui-aussi ayant beaucoup tourné avec Paquette). Enfin, au vibraphone, ce sera André Boulet.

À la veille du lancement officiel, Demers s'imagine déjà répondant aux questions des journalistes : Qu'arrive-t-il avec Purlaine? Que s'est-il passé? Que deviennent les autres membres du groupe? Est-ce qu'on va vous revoir ensemble? Et la santé? Le chanteur se sent fin prêt pour faire face à la musique. Mal lui en prend. Il est toujours malade et repousse constamment sa visite chez le médecin. Pourtant les douleurs sont toujours présentes. Un bref retour en arrière, par le biais de ses calepins, permet de découvrir à quel point l'année suivant son retour de Santa Fe en a été une de tiraillements :

Le samedi 12 septembre 1981 — Il constate être d'une «humeur désagréable» à l'égard d'autrui et surtout en compagnie de Jeanne. Dernièrement, il dort mal la nuit et est en proie à des douleurs constantes au niveau des aisselles. Il se reproche d'avoir manqué de discipline et d'avoir passé une fin d'été jugée «non-exemplaire». Mais il veut reprendre les «bonnes vieilles habitudes». Côté alimentation et médicaments, il ingurgite du varech, du pollen, du potassium, du zinc, des «teintures» diverses, du rasayana. «Aussitôt l'horaire normal rétablit, note-t-il, la forme physique reviendra».

Le samedi 10 octobre — Il récapitule le dernier mois. Les répétitions avec la Vieille 17 vont bon train et il se réjouit de ne pas en être stressé. Par contre, il se reproche encore un laissez-aller au niveau de l'alimentation, des médicaments et des exercices physiques. Son médecin de famille constate un taux élevé de globules blancs (11.1) et <20 d'acide folique. Il lui conseille fortement de revoir un autre hématologue. Apparition d'un nouveau ganglion dans le bas du ventre, du côté gauche encore.

Le mardi 3 novembre — Il écrit avoir été dans l'impossibilité d'aller à son rendez-vous chez l'hématologue. De toute façon, précise-t-il, il ne sent pas le besoin d'en voir un. Il fait plutôt confiance à l'acupuncteur qu'il rencontre régulièrement, au moins deux fois par semaine. Il médite sur son expérience de travail avec la Vieille 17 : «Lors du dernier mois, le lever tôt et le travail physique et intellectuel ont compensé pour le manque d'exercices. Ce mois m'a été prolifique à plusieurs niveaux. J'ai réappris à travailler en groupe et le moral ne s'en porte que mieux. Physiquement, j'ai encore quelques inquiétudes. Mais je ne m'attarde pas tellement à ces doutes. Il est normal, je crois, d'avoir ces doutes. J'ai des projets clairs et précis à réaliser, de quoi me tenir occuper pour les prochains mois».

Ces projets clairs et précis n'arrivent cependant pas à colmater la progression du Hodgkin. Depuis le 15 novembre il sent «quelque chose d'enflée» dans la partie inférieure gauche de l'abdomen. La rate? La prostate? Il avoue s'inquiéter. Il réagit en triplant sa consommation de légumes. Une visite chez son acupuncteur le rassure; ses douleurs n'auraient rien à voir avec la rate ou la prostate. Quoi qu'il en soit, les malaises persistent, ce qui ne l'empêche pas d'avoir confiance en son régime alimentaire. Il est plus discipliné depuis quelques jours. Il en est d'ailleurs très fier.

Le jeudi 26 novembre — Il recommence à prendre les remèdes à base d'herbes qu'il avait délaissés depuis un mois. Ses «bosses» sont stables aux aisselles, un peu plus grosses au cou; les douleurs au bas de l'abdomen ont disparu.

Le dimanche 3 janvier 1982 — «C'est la première fois que j'écris la date cette année. Cela fait drôle à chaque année. Un peu plus cette fois-ci étant donné l'historique de ma maladie. En effet, c'est au temps des Fêtes, l'an passé, que j'ai commencé à me douter de quelque chose. Durant les Fêtes je n'ai pas tellement eu l'occasion de faire des exerces, sauf de la marche de façon irrégulière. Côté nutrition, j'ai triché... Ajoutons que l'option de la chimiothérapie n'a pas été complètement annulée. J'y songe un peu plus sérieusement. Mais j'hésite toujours».

Le 18 janvier — Il se reproche encore son manque de discipline et son humeur «exécrable» des derniers jours. Il contrôle mal son stress et pense manquer «définitivement d'exercices». Il se propose la natation pour les lundis et jeudis. Coté médicaments, il n'en prend presque plus, ayant diminué progressivement les doses. Cela fait maintenant deux jours qu'il n'ingurgite plus de son tonique lymphatique. «Tout cela pour faire réagir mon système qui était sûrement rendu très dépendant. Je ferai cela pour environ une semaine», écrit-il.

Le 23 février 1982 — «Cela fait précisément quatre jours que j'ai mal dessous le bras; je crois aussi que ça n'a jamais été aussi gros. D'ailleurs, au toucher, c'est différent; on dirait que toute la région est enflée (plutôt que les ganglions). Cette nuit, j'ai eu pour la première fois le symptôme de *night sweats* (sueurs nocturnes). J'ai été en sueurs toute la nuit. Et j'ai crû remarquer ce matin que mes bosses avaient diminué. (...) J'ai des sautes d'humeur plus ou moins justifiées avec Jeanne. L'acupuncture a coutume de replacer les énergies subtilement. J'ai rendez-vous à deux heures».

C'est de façon bien intermittente qu'il se livrera par la suite à ses calepins, sauf pour retranscrire quelques bribes qui lui serviront pour des chansons à venir, entre autres *Le temps de l'oméga* et *Dors si tu peux*. Il écrit : «Amenez-moi là où il est permis de s'asseoir et de penser» et «Doucement, le temps me pousse doucement». Ou encore pour noter des pensées qui versent tantôt dans le cynisme, tantôt dans l'auto-critique : «C'est dur d'être imparfait».

Le 4 octobre 1982, à la veille de partir pour le Manitoba en vue de donner un atelier sur la chanson, il écrit : «J'aurais le goût de me saoûler pour pouvoir rire ou pleurer. Je pars dans quelques jours pour Saint-Boniface, mon premier départ depuis Santa Fe. Dieu, faites que je sois fort».

La force, hélas, lui manquera. Il pourra donner un atelier de création à Saint-Boniface, mais devra annuler une série de spectacles dans l'Ouest. Le chanteur réalise hors de tout doute dans quel état précaire sa santé se trouve. «Les énergies, explique-t-il, se faisaient de plus en plus basses». Malgré les douleurs, les inquiétudes et les symptômes, en dépit de l'inconfort généralisé avec lequel il a composé quotidiennement, Paul Demers aura néanmoins mis longtemps à se confier à un médecin.

C'est le 14 mai 1983 qu'il donne son dernier spectacle avant d'opter pour la chimiothérapie. Le spectacle, produit par Direction Jeunesse, s'intitule *Travailler, c'est trop dur;* il s'agit d'un collage sur le quotidien en l'honneur des travailleurs. À ce sujet, un autre passage de ses calepins mérite d'être cité : «J'ai donné mon dernier concert au mois de mai dernier. C'est d'ailleurs durant cette période que j'ai perdu la voix... que je n'ai toujours pas retrouvée. Suite à ce concert, ma soeur Paulette est venue me visiter pour s'informer de mon état de santé et pour me faire part de ses inquiétudes face à ma perte de poids (10 livres) et ma pâleur». Le chanteur s'est alors empressé de la rassurer en lui précisant qu'il n'avait toujours pas exclu la possibilité des traitements de chimiothérapie, advenant une détérioration continue ou prolongée. La discussion l'aura toutefois marqué profondément, le lançant dans de profondes réflexions. «C'est vers la fin du mois de juin que je me suis décidé à revoir un médecin, deux ans et demi après le diagnostic».

Décision ultime d'abandonner la méthode naturelle? Manque de confiance en ses propres possibilités? Manque de discipline? Plutôt une prise de conscience de la réalité, expliquera-t-il plus tard. Malgré des efforts louables en ce sens, il se rend compte qu'il ne sera jamais assez discipliné, assez confiant, et que sa nature ou son caractère ne le favorisent aucunement. Par ailleurs, en voyant le médecin, il se soulage d'un fardeau devenu trop lourd à porter, à savoir celui de sa seule et unique responsabilité quant aux possibilités de guérison : «Après deux ans et demi de privation au niveau

Photographie prise pour la pochette du disque sur lequel sont gravées les chansons «Tout oublier» et «Mademoiselle». Photo : Jules Villemaire

de la nutrition, je décidais donc que je voulais vivre une vie un peu moins marginale». Ainsi, depuis le mois de juillet, il est prescrit à la chimiothérapie.

Demers n'a plus le choix. Il doit s'éclipser, s'armer de patience et de courage. Il le sait, même si, finalement, il aura repoussé l'échéance aussi loin que possible. Ayant perdu la voix à la suite de son dernier spectacle, en plus d'une perte de poids importante et de malaises qu'il n'arrive plus à maîtriser, il décide de suivre le chemin conseillé par plusieurs dès le début, soit celui de la médecine conventionnelle. Il opte donc pour le chemin dont il craint tant les effets, celui qu'une volonté de vaincre, courageuse mais obstinée, lui avait fait contourner, voire éviter.

Son corps murmure déjà depuis trop longtemps. Ces murmures se sont maintenant mutés en hurlements. Il est grand temps d'explorer d'autres chemins...

«Au jardin des solitudes»
1984-1986

Survivre : «quand tu blues...»

La convalescence qui suit les premiers traitements de chimiothérapie s'avère un temps pénible pour Paul Demers; il essaie tant bien que mal de ne pas sombrer dans le pessimisme. Heureusement que sa passion pour la chanson et la musique est toujours présente. Elle lui ronge l'âme. Par contre, les perspectives de carrière lui apparaissent pour le moins décourageantes... Mais, avouera-t-il plus tard, «je dois bien me donner un peu de temps; ma santé l'exige».

Il revient souvent aux pages de ses différents calepins, relit quelques passages, rédige quelques notes, écrit quelques bribes de textes. Ces notes, véritables états d'âmes, attestent d'une part de son angoisse et, d'autre part, de son profond attachement au métier qu'il ne peut plus pratiquer. Sans cesse, il pense à des musiques, à des airs nouveaux et à des mélodies accrocheuses qui n'ont cessé de l'habiter. Et quand la muse musicale n'est pas au rendez-vous, il écrit quelques pensées qui se retrouveront parfois, bien des années plus tard, au coeur de certaines de ses chansons :

Nos chansons ne sont que graffiti   (1982)

J'écris cette chanson d'amour pour ma mère
Qui l'écoute quelque part dans l'univers
Une sorte de prière pour adoucir l'amer...   (1982)

C'est dur d'être imparfait
J'ai le ventre qui me tord de remords   (1982)

Un peu de musique dans l'âme guérit beaucoup de maux
Je trébuche... et me relever est de plus en plus pénible   (1983)

Quand tu doutes
Regarde en avant
Regarde derrière toi
Le monde tourne malgré tout   (1983)

Malgré le cafard, Paul Demers arrive à surmonter sa misère de vivre. Jeanne est là, à ses côtés, qui, patiente, avenante et toujours amoureuse, le réconforte en l'appuyant sans relâche. Quand il se sent bien, Demers lit. Un jour, il découvre un bouquin écrit par le docteur Emmet Foy et intitulé **Vers la plénitude et la joie**. Il s'empresse de prendre des notes et de restranscrire un long passage dans l'un de ses calepins. Il s'agit des grands principes théoriques ayant trait aux «Grandes lois mentales» qui gouverneraient les destinées individuelles. Cette théorie est fort simple. Elle propose ni plus ni moins de maîtriser la pensée. D'après le docteur Foy, sept lois fondamentales en gèrent les mécanismes. Les apprendre et les comprendre s'avère essentiel si l'on espère grandir sur le plan spirituel.

Ainsi, la première de ces lois est celle de la *Substitution*. Il s'agit de se débarasser d'une pensée tout simplement en la remplaçant par une autre. En deuxième lieu vient la loi de la *Décontraction* ou «le repos conscient», soit l'habileté de se détendre avec calme et confiance. Suit la loi de l'*Activité subsconsciente* selon laquelle il faut apprendre à appliquer positivement l'activité subsconsciente pour susciter la guérison, la liberté ou la réussite. Autrement dit, il est préférable de cultiver des attitudes constructives et bienveillantes; le négativisme engendre le défaitisme et entraîne inévitablement la maladie, les soucis et l'échec. Quatrièmement, la loi de l'*Expérience pratique :* la perfection ne s'acquiert que par sa mise en pratique. Cinquièmement, la loi des *Deux éléments*, ceux du savoir et du sentiment; la connaissance doit reposer, quelle qu'en soit la nature, sur le sentiment et non pas en être soustraite. Sixièmement, la loi de l'*Objet de vos pensées:* ce à quoi l'on pense tend à prendre de l'importance; plus on pense à une chose, plus cette chose devient intense dans nos pensées. Finalement, la loi du *Pardon*, règle absolument inflexible qui exige de pardonner à autrui si le progrès spirituel réel est souhaité. Ces lois semblent si évidentes et transparentes qu'elles deviennent régulièrement des sujets de méditation.

Par ailleurs, durant l'automne de 1983, Demers continue de fignoler certains textes, dont de futures chansons : *Les Blues d'automne* et *On grandit*, dont il avait écrit les premiers jets lors de son périple à Santa Fe, en 1981. Au même moment, Alain Grouette, ancien compère du temps de Purlaine, lance son microsillon. D'Ottawa, Demers l'envie un peu. Après tout, la sortie d'un microsillon est une étape vitale dans la carrière d'un auteur-compositeur-interprète. Elle est même essentielle pour se forger une réputation, pour se faire connaître et pour être vraiment pris au sérieux. Grouette arrive donc à un seuil important de sa carrière.

Pour sa part, Demers sait bien que la maladie l'a contraint à l'enregistrement d'un simple 45 tours. Il n'est pas jaloux, loin de là. Il apprécie son ancien collègue et le sait un travailleur forcené. Il lui souhaite même la meilleure des chances en organisant un mini lancement à son domicile, à Ottawa. C'est la fête. Tout de même, Demers pense à tout ce qu'il aurait pu accomplir, n'eut été de la présence du cancer dans sa vie...

L'année 1984 constitue la véritable «année sabbatique» dont Paul Demers parlera deux ans plus tard, lors d'une entrevue pour le magazine *Liaison*. Plus en forme dès la fin du mois d'août et ayant sans doute besoin de changer d'air, il s'embarque pour des vacances en France, en compagnie de son épouse Jeanne. Puis, au mois d'octobre, il partipe à une rencontre historique des créateurs franco-ontariens de tous les milieux et de toutes les disciplines; la rencontre se déroule à Timmins. Les soirées, les discours et les ateliers auront un tel effet sur Demers qu'il en repart tout régénéré. De retour à Ottawa, il crée quelques musiques à la guitare, reprend goût à l'écriture et s'adonne à la lecture. En feuilletant le recueil de poèmes de Jean Marc Dalpé, **Les murs de nos villages**, il s'arrête à un poème intitulé *Mademoiselle*. Il en fait une chanson. Le retour sur scène s'impose!

Avant même la Nuit sur l'étang du 9 mars 1985, Paul Demers s'était remis au boulot avec la présentation de quelques spectacles, notamment à North Bay, Timmins et Hawkesbury. Sa participation à La Nuit de 1985 se fait à la dernière minute et par la porte d'en arrière. Les organisateurs lui disent d'abord qu'il est trop tard, que l'horaire est déjà fixé, que tout est radiodiffusé, donc sévèrement minuté. Mais voici que le poète Jean Marc Dalpé se désiste pour une vingtaine de minutes... offertes à Paul Demers. Vingt minutes, c'est court comparativement aux autres chanteurs qui disposent d'une demi-heure. Mais il accepte. La Nuit 1985 sera son «comeback». Paul Demers a le profond désir de prouver à quiconque qu'il est toujours là et que l'on ne l'oubliera pas de sitôt. Il veut refaire surface et entrevoit La Nuit comme l'événement, l'endroit par excellence pour le faire. Plus encore, c'est un test; il doit tout recommencer à zéro et prouver, à lui comme aux autres, qu'il n'est pas «mort» avec Purlaine.

La Nuit sur l'étang 1985 :
le *comeback*

Il part pour Sudbury avec le batteur Richard de Grandmont, le claviériste Sylvain Lavoie et le bassiste Michel Loiselle. Trois nouvelles chansons sont à l'horaire : *On grandit, Mademoiselle, Les Blues d'automne* et, bien sûr, sa chanson fétiche *Un jour j'irai dans l'Nord*. Pour les fins du concours Hector-Bertrand, il soumet *Mademoiselle*. Ce concours, qui en est à sa deuxième édition, met en évidence la meilleure chanson de la soirée choisie selon les critères suivants : musicalité, qualité du texte et performance du chanteur (sa présence sur scène). L'année précédente, Donald Poliquin avait remporté la toute première bourse avec *Septième ciel*.

Ce 9 mars 1985 voit Paul Demers y célébrer ses 29 ans. Les musiciens lui souhaitent un bon anniversaire, mais il a trop de choses en tête et beaucoup d'espoir dans le coeur pour s'attarder à un voeu. Tout juste avant d'entrer en scène, il médite et fait quelques exercices de visualisation. Quand l'animateur Pierre Granger, de Radio-Canada, le présente en tant qu'«'artiste honnête, sincère et qui chante des choses simples avec beaucoup, beaucoup d'émotion», Paul Demers est fin prêt pour les planches de l'Auditorium Fraser. La Nuit sur l'étang 1985 sera sa nuit.

Le rythme à la fois langoureux, *funky* et *rockeux* de la chanson *On grandit* exalte aussitôt Demers. La ligne de basse répond énergiquement aux mesures du batteur. L'introduction donne le ton. Elle est entraînante. On sent que c'est bien parti. Demers regarde la foule, prononce les premières phrases de la chanson — *Pour le meilleur, pour le pire, chacun guide son navire* — et invite les gens à joindre le rythme en tapant des mains. La chanson terminée, Demers est chaleureusement applaudi. Il questionne la foule : «Pensez-vous qu'on a grandi un peu?» Réactions immédiates. Puis les cris et les exclamations font place aux traditionnels chants des grenouilles qui parcourent la salle pendant quelques dizaines de secondes. Le temps est venu pour présenter la ballade *Mademoiselle*. Il prend bien soin de remercier l'auteur du texte, Jean Marc Dalpé, puis la dédie à tous ceux qui détestent les départs, «spécialement à ceux qui devront partir dans quelques heures».

Suit *Les Blues d'automne*. Harmonica aux lèvres, Demers souffle toute son émotion. Progressivement les musiciens se joignent à lui. La chanson bat à un rythme endiablé. À plus d'un moment, Demers en crie les paroles plus qu'il ne les chante. Il soulève littéralement le jeune auditoire de La Nuit. Quand il enchaîne avec les premiers accords d'*Un jour j'irai dans l' Nord*, la performance de Demers arrive à son point culminant. Les arrangements musicaux sont nettement différents de ceux joués à l'époque de Purlaine. La flûte traversière n'y est plus. C'est dommage. Mais l'énergie, la même, est toujours là. Le batteur y va à fond de train, le bassiste fournit toute son expertise et ses connaissances du style *funk*. Quand au jeu du clavieriste, il est tout aussi épatant. Demers présente ses musiciens à tour de rôle, tout juste avant d'y aller de son dernier cri *Dans l' Nord*. On l'acclame. «Il y avait quelque chose dans l'air, dira-t-il plus tard. J'étais tellement *groundé* que cela transcendait probablement sur la scène. C'était intense».

Immédiatement après sa prestation, il est l'invité en direct de Radio-Canada. L'animateur Denis St-Jules le félicite : «Tout un spectacle, Paul!» Encore un peu à bout de souffle, il répond : «J'avais vingt minutes à remplir; il fallait les remplir comme il faut». Demers confirme son retour officiel dans le monde de la chanson franco-ontarienne.

Par ailleurs, la population de la province étant invitée à communiquer ses impressions de La Nuit, par le biais d'une tribune téléphonique, Paul Demers reçoit deux appels qui lui «font chaud au coeur». D'abord, de Hearst, sa belle-mère s'empresse de le remercier pour le «bon spectacle» tout en lui souhaitant un bon anniversaire.

— On pense beaucoup à toi, lui dit Claire Gagnon.
— Jeanne sera contente que l'on se soit parlé, répond-il.

Il commence à peine à se calmer qu'il reçoit un coup de fil de son père : «C'était court mais c'était bien». L'entrevue se poursuit. Paul Demers révèle qu'il enregistrera en studio bientôt. St-Jules demande donc si le public est en droit de s'attendre à un disque prochainement. «Peut-être, cela dépend de la qualité des enregistrements», laisse planer le chanteur.

De toute évidence, Paul Demers gagne son pari. Il mérite sa place. Mais la soirée n'est pas terminée. Encore investi des fortes émotions de la scène, il doit y retourner. La chanson *Mademoiselle* mérite la bourse Hector-Bertrand. Demers n'en attendait pas tant. Il l'accepte humblement. Il ne pouvait pas demandé mieux comme *comeback*.

Cette Nuit sur l'étang, édition 1985, Paul Demers ne l'oubliera jamais. Pour lui, les vingt minutes qu'il y a passées sur scène constituent un point tournant décisif et, surtout, positif. Il avait besoin de jouer, d'être reconnu et d'être valorisé. C'est chose faite. Prochaine étape.

Mademoiselle : le 45 tours

En avril 1985, Demers entre au studio Ambience, à Ottawa, pour y enregistrer *Mademoiselle* et *Les blues d'automne*. Ses copains de La Nuit — Loiselle, Lavoie et de Grandmont — sont de la partie. Le photographe Jules Villemaire est embauché pour la prise des photos devant paraître sur la pochette. Celle de la couverture montre un Demers, deux mains au micro, chantant d'un air attendri. Celle à l'endos montre un chanteur aux yeux fermés, la bouche grande ouverte, hurlant dans le micro : un Demers bouillant d'énergie.

Le retour sous les feux de la rampe exige que l'on «mette le paquet». Paul Demers prépare donc un dépliant publicitaire dans lequel il fait état de ses réalisations : bourses, prix, émissions de télévision et de radio, disques, festivals, spectacles, premières parties de spectacles pour des artistes de renom (Édith Butler, Claude Dubois, Offenbach, Robert Paquette, le groupe 1755). Denis Binet, de Radio-Canada à Ottawa, l'invite pour la dernière émission de la saison (mai 1985) de la série *Voix et rythmes du pays*. L'émission est diffusée à l'échelle nationale.

Ça va bien pour Demers. Très bien. Il signe un contrat avec les organisateurs du Festival franco-ontarien en vue de participer à un spectacle célébrant le dixième anniversaire du Festival. Pour l'occasion, les grands noms de la chanson franco-ontarienne seront réunis : les CANO, Garolou et Paquette. Il envisage avec grand enthousiasme sa participation à cette soirée. Mais auparavant l'Assemblée des centres culturels de l'Ontario lui décerne la bourse André-Paiement, instituée pour souligner la contribution d'un artiste de la scène à la culture franco-ontarienne. Paul Demers en est le premier récipiendaire et touche 2 000 $; il s'en servira pour défrayer les coûts de production de son 45 tours. Décrocher la toute première bourse André-Paiement est pour lui une véritable consécration. Paiment n'était-il pas l'un de ses héros d'adolescence, voire sa plus grande influence?

1985, c'est l'Année internationale de la jeunesse décrétée par les Nations-Unies. Le 23 août, Demers est l'un des artistes canadiens invités lors d'une grande célébration qui veut rassembler toute la jeunesse de la région du Niagara, à St. Catharines. Au cours de la journée, il offre un atelier de création et de techniques de scène, avec son copain Sylvain Lavoie et, en soirée, un spectacle. Pendant toute cette période, de juin à août, la chanson *Mademoiselle* tourne beaucoup dans les stations de radio franco-ontariennes. Il en sera aussi de même durant tout l'automne...

Dans le magazine *Liaison* :
Demers au bout de lui-même

Au mois de janvier 1986, Charles Provost signe un article dans *La Scène musicale*, revue interne des auteurs-compositeurs regroupés sous la Société de protection des droits d'auteurs du Canada (aujourd'hui la SOCAN). On y lit que :

«Encouragé par ses récents succès, il (Paul Demers) profitait d'un récent passage à Montréal pour sonder le terrain sur lequel il pourrait éventuellement déménager ses pénates et sa guitare. Comme la plupart des vedettes de la chanson francophone hors Québec, il se pose la question : s'en aller à Montréal ou rester dans son coin de pays».

La veille de sa rencontre avec le journaliste, Demers avait discuté de la chose avec son imprésario Paul Tanguay et une connaissance de longue date, nul autre que la chansonnier franco-ontarien Robert Paquette qui réside à Montréal depuis nombre d'années. Dans son article, Provost n'élabore pas beaucoup à propos des préoccupations du chanteur mais cite toutefois Demers qui analyse sa situation d'artiste franco-ontarien :

«Le fait d'être le porte-parole d'une minorité comporte plusieurs avantages. D'une part, les bourses, les prix et l'aide financière qu'offrent différents organismes permettent de joindre les deux bouts; de l'autre, le public nous encourage, nous soutient, avec une fidélité peu commune».

C'est vraiment quelques mois plus tard, lors d'un entretien avec Chantal Payant pour la revue *Liaison,* édition du printemps 1986, que Demers fait part de ses interrogations face à la possibilité de déménager à Montréal. C'est aussi dans cet article qu'il déclare, pour la première fois publiquement, qu'il souffre du Hodgkin (cette confidence avait jusque-là toujours été faite entre amis). Demers avait toujours craint la pitié que cette révélation aurait pu engendrer; du moins, il le croyait; il craignait aussi qu'elle ne lui ferme des portes, côté carrière.

L'article de Chantal Payant est intitulé «Paul Demers, au bout de soi : Via la tendresse». Le chanteur se livre sans vergogne, comme rarement il l'aura fait auparavant. La journaliste est tout à fait charmée. «Outre l'artiste, écrit-elle, j'ai rencontré un gars sympathique, ouvert, accessible, sensible, épris de son travail et des défis qu'il comporte. Un gars déterminé et débordant d'optimisme que les rigueurs de ce métier parfois bien ingrat n'ont pas encore ébranlé...»

Demers lui explique tout simplement qu'il continue à oeuvrer dans le monde de la chanson parce qu'il a «trop investi là-dedans et que depuis dix ans ça été une école». L'inévitable question à propos de son invisibilité après la dissolution de Purlaine se pose rapidement. «Pourquoi as-tu senti le besoin de te retirer, d'arrêter?» Allant tout droit au noeud de l'interrogation, Paul Demers offre une réponse directe, dénuée de pudeur : «J'ai eu une maladie, le Hodgkin. C'est une forme de cancer. Alors, veux, veux pas, j'ai pas eu le choix. Mais cet arrêt a provoqué en moi tout un regard intérieur; ça été une incubation aussi».

Payant poursuit la discussion. Elle veut en savoir plus long quant aux projets et aux plans de carrière immédiats du chanteur. Entre autres questions, elle lui demande s'il est possible de faire carrière en Ontario?

«Ça dépend du genre de carrière qu'on veut, puis jusqu'où on veut aller. On peut se contenter de chanter pour sa communauté, puis jusqu'à un certain point, en vivre... Non, franchement, pas en vivre! Si tu tiens compte du seuil de pauvreté, on est en bas de ça! Mais c'est possible de le faire à temps partiel, ou en vivant sobrement, modestement, pauvrement... Mais si tu veux élargir tes horizons, ton marché, alors...».

Puis la journaliste cherche à savoir si Demers quittera la province pour faire carrière à Montréal.

«J'y pense sérieusement... maintenant que Jeanne va terminer ses études. On pense depuis environ deux ans à aller à Montréal. Mais je ne serai pas forcé d'y aller car c'est un choix. C'est même un goût de faire un autre *trip*. Pour devenir le meilleur, il faut côtoyer les meilleurs. (...) C'est aussi une question que pour marcher où que ce soit, il faut se faire voir, être présent, faire parler de soi. Si tu es six mois absent, on t'oublie vite! C'est pour ça qu'il faut aller dans les grands centres à un moment donné. Il peut y avoir cinquante articles dans *Le Droit* mais ça n'aura jamais d'impact à Montréal! Vient un temps où c'est dans *La Presse* qu'il faut qu'on parle de toi! Pour que les gens commencent à te reconnaître».

Mais en 1985 et 1986, au Québec, le marché pour les artistes de la chanson francophone n'est pas très bon. Lorsque ce marché s'active, ce sont les modes musicales américaines ou britanniques qui prennent le dessus. Demers nuance donc son propos :

«Je vais plutôt regarder du côté de l'Europe. Les compagnie de disques (à Montréal) recherchent un produit très très spécifique et, si tu ne t'y conformes pas il n'y a pas de portes qui s'ouvrent. En ce moment, on ne jure que par le techno-pop à Montréal, tandis qu'en France, il y a de la place pour différents styles, parce ce que le marché est plus gros... J'y pense presque sérieusement. En tout cas, je garde cette option en tête au lieu de me décourager. Tu sais, crever de faim à Paris ou crever de faim à Ottawa...».

À la dernière question de Chantal Payant, à savoir s'il songe à enregistrer bientôt un microsillon, Demers répond par l'affirmative.

Mais il espère ne pas avoir à investir de ses propres sous. N'a-t-il pas en mémoire l'échec de son ancien copain Grouette, qui a hypothéqué plusieurs de ses années en produisant, de sa propre poche, un microsillon coûteux qui s'est finalement avéré une très mauvaise affaire. «Je me suis donné comme objectif pour le début de 1987 de faire mon premier long-jeu, que ce soit à titre privé ou avec une compagnie, je ne le sais pas encore... Je suis rendu là».

Puis Paul Demers conclut l'entrevue en invitant les auteurs de la francophonie ontarienne à lui soumettre des textes; il est en panne sèche de ce côté-là. Heureusement, sur le plan musical, les idées abondent toujours et sans arrêt : «Je cherche des textes. J'aime mieux ne pas écrire que d'écrire des choses qui ne me plaisent pas vraiment. Avis aux intéressés!».

Cet entretien est encore tout frais lorsque Demers se soumet aux questions d'une autre journaliste, cette fois du quotidien *Le Droit*, lors du Contact ontarois (le marché des arts de la scène qui a lieu à tous les ans, soit à Toronto ou à Ottawa) qui se déroule au mois d'avril. Paule La Roche aussi succombe sous le charme de Demers, comme en fait foi son article du 26 avril 1986 :

«Quand on interview Paul Demers en tête à tête, ses grands yeux sombres semblent poser sur toute chose un regard calme, grave, réfléchi. Dans son visage mince, ce regard-là étonne, magnétique et intriguant à la fois. Paul Demers y couve ce qu'il a de plus précieux, du haut de sa trentaine déguisée sous des airs d'éternel adolescent : son attachement à la vie, son attitude positive devant elle, depuis que la maladie lui a joué un sale tour, il y a maintenant quatre ans».

Elle fait part de la maladie de Demers mais ne la nomme pas, se contentant d'écrire que celui-ci voit maintenant la vie sous un autre oeil : «Il faut vivre vers l'avant, c'est la seule façon de survivre». Et La Roche d'enchaîner aussitôt :

«Non seulement, Paul Demers va vers l'avant, grimpant un à un les échelons d'une carrière qu'il mène assurément vers le succès, mais quel beau vivant il fait! Sur scène, toute énergie et toute voix dehors, le temps de quatre chansons seulement, devant le public exigeant des parrains de Contact ontarois venus faire provision de spectacles. Paul Demers se donne entièrement comme s'il y allait de son avenir, embarquant tout le monde dans une galère joyeusement ballotée par les rythmes du jazz et du blues... Tant de verve au petit matin — 11h, dans le showbizz, c'est l'aube vous savez... — ça donne un de ces coups au coeur...».

Mais encore une fois Demers ne peut échapper à la fameuse question d'un microsillon : «Dix ans de métier donc, un bon répertoire de chansons dans ses bagages : pourquoi Paul Demers n'a-t-il pas encore sorti de microsillon?». La réponse de l'artiste ajoute une nouvelle nuance : «parce que je ne suis pas prêt». Insécurité? incertitude? Demers s'explique : «Je suis de plus en plus conscient que, faire un disque, ce n'est que la première de dix étapes, qu'il faut beaucoup d'énergie pour arriver au bout. D'ailleurs, je n'ai pas envie de graver un album pour qu'il reste sur les tablettes».

Par contre, indique-t-il, ce n'est pas l'absence d'ambition ou le manque d'idées qui lui font défaut. Il a des projets à long terme. Il ne recule pas, il est convaincu au contraire qu'il avance. C'est que «parfois il prend de longs détours, involontairement». En filigrane, on comprend que ces longs détours lui sont imposés par la maladie quoique le propos n'apparaît pas aussi évident. «La musique, philosophe alors Demers, c'est une école où on apprend tout le temps. J'explore toujours la musique. Aujourd'hui encore, je considère que j'ai beaucoup à découvrir». Finalement, conclut le chanteur, «plus tu mûris, plus c'est dur, plus c'est exigeant». Le projet de microsillon constitue un objectif à moyen terme pour lui et si le temps n'est pas opportun, le projet sera tout simplement décalé.

Ces séries d'articles permettent donc à Demers d'établir un besoin de recul face aux désirs de ses admirateurs, des journalistes et des observateurs de la scène artistique franco-ontarienne. Ses révélations arrivent à point, d'autant plus que sa carrière connaît dès lors, et plus que jamais, un essor intéressant, voire extrêmement favorable. Prochainement, c'est pour Paris qu'il s'embarquera, au sein d'une délégation d'une vingtaine de représentants de la culture franco-ontarienne, dans le cadre d'un projet de promotion touristique mis de l'avant par l'Assemblée des centres culturels de l'Ontario (ACCO). On espère que le projet agira comme le catalyseur d'échanges entre Français et Franco-Ontariens. Demers sera accompagné de cinq musiciens et présentera une série de spectacles à Paris, Rennes, Dinan, Aix-les-Bains et Annecy. Pour lui, c'est une occasion inespérée d'entrouvrir certaines portes sur le vieux continent. Il doit s'envoler le 18 mai 1986 mais, auparavant, il se produit à Ottawa, dans le cadre du congrès de la Fédération des étudiants du secondaire franco-ontarien, puis se rend en

Acadie pour participer au Contact acadien. À son retour d'Europe, Ottawa et Toronto l'attendent, la première pour le Festival franco-ontarien, la seconde pour les célébrations de la Saint-Jean.

La France : «le métro de Paris»

Les premiers pourparlers ayant trait à une série de spectacles en France n'avaient pas aussitôt été entamés que Paul Demers rêvait déjà à la nouvelle possibilité qui s'offrait à lui. Le jeu en vaut la chandelle puisqu'il doit s'associer aux efforts de promotion d'organismes voués au tourisme dit social, notamment le Comité inter-entreprise de l'ORTF (Radio France). Nous sommes au mois de mai. Le chanteur effectue la traversée avec les dignitaires et, bien sûr, avec ses éternels et inséparables copains musiciens.

À la Maison de la Radio à Paris, devant un public trié sur le volet, il ne peut s'exécuter qu'après les interminables discours protocolaires, dont ceux du président de l'ACCO, Marcel-André Sauvé, et de Jeanne Sabourin, responsable du Bureau franco-ontarien au Conseil des arts de l'Ontario. C'est d'ailleurs madame Sabourin qui présente le chanteur, non seulement comme créateur dynamique mais aussi comme agent de la culture franco-ontarienne dans toute sa vitalité. «Il est jeune, mais il oeuvre dans le métier depuis une dizaine d'années. Paul rêve de revenir en France faire une tournée. Ce soir, il vous donnera un programme à cent pour cent franco-ontarien. Mesdames et messieurs : Paul Demers».

Le récital débute avec la chanson *On grandit*. Demers prend grand soin de bien articuler chaque syllabe et, à la fin, demande à la foule si elle a compris quelque chose. Des rires se font entendre. «Il paraît que j'ai un accent», rétorque-t-il aussitôt avant d'enchaîner avec *En attendant demain,* «une chanson d'espérance et d'optimisme», indique-t-il à un auditoire poli et attentif. Tout au long du spectacle, Demers n'hésite pas à communiquer directement avec les spectateurs. C'est le cas notamment lors de sa présentation d'*Éteins la lampe* : «On va se réchauffer un peu. On va vous amener dans le Nord de l'Ontario, dans le bois» (le tout prononcé à la manière française puis répétée à la manière typique des Franco-Ontariens du Nord de la province). Évidemment, on rit bien. «C'est une chanson d'un ami à moi, Guy Lizotte. Il va être content que j'aie prononcé son nom à Paris» (encore une fois des rires). Paul Demers est en grande forme.

À quelques occasions, il tente bien de masquer son accent, mais il trébuche. L'humour le sauve aussitôt. C'est le cas pour *Les Blues d'automne*. «Vous avez un hiver?» demande-t-il aux Français. «Chez nous, l'hiver, c'est sérieux». Après l'interprétation de *Dors si tu peux,* il quitte la scène mais on en redemande. Il revient et interprète *Grey Owl*, puis une autre version énergique d'*Un jour j'irai dans le Nord*. C'est l'acclamation générale. Le tout se termine dans une atmosphère de fête, les gens de la délégation franco-ontarienne rejoignant Demers sur scène.

L'animateur Jean-Louis Foulquier invite le chanteur franco-ontarien à l'émission *Pollen*. Foulquier est une grande figure dans le monde de la chanson en France et son émission *Pollen* est parmi celles qui sont le plus écoutées. Il est aussi le directeur artisitique du Festival international des Francofolies, de La Rochelle. D'une pierre deux coups, Paul Demers monte sur le plateau de la populaire émission et est personnellement invité par Foulquier à s'exécuter l'année suivante sur les planches du prestigieux festival.

Le retour :
«le coeur franco-ontarien» bat de plus en plus

Retour enchanté de Paris, mais pas de place pour l'oisiveté. Demers doit participer à l'enregistrement d'un 45 tours en compagnie de Richard Bastien, chansonnier de Rivière-aux-Canards, du duo Spécial du Jour, d'Ottawa, et de son pianiste Sylvain Lavoie, également d'Ottawa. Il s'agit de la chanson thème du spectacle *Coup de coeur* que TVOntario a l'intention de commanditer à tous les ans. Les artistes doivent chanter un texte du poète Jean Marc Dalpé sur une musique de Claude Naubert. En plus de se joindre à cette équipe pour la réalisation du 45 tours, Demers se produit au Festival franco-ontarien, tour à tour avec Bastien, Lavoie et le duo Spécial du Jour.

En très peu de temps, la visibilité de Paul Demers atteint son paroxysme, comme si tout se précipitait. Invité aux célébrations de la Saint-Jean-Bapiste dans la ville-reine, il se livre à François Bergeron, de *L'Express;* on le sent confiant comme jamais il ne l'a été. Bergeron note son grand enthousiasme :

«Il s'est rasé la moustache. Il a stylisé sa coiffure et a revêtu un gilet luisant qu'il porte à la Miami Vice sur un T-shirt. Il est aussi passé du rock franco-ontarien «pure laine» à la musique contemporaine plus cuivrée, jazzée. *Je suis reparti à zéro*, dit-il. *Nouveau matériel, nouveaux musiciens, nouveau look. Je fais toujours de la chanson francophone mais j'ai maintenant complété une certaine période de formation, d'expérimentation, et je travaille plus sérieusement; je suis plus exigeant, mais je suis aussi plus satisfait du nouveau produit*».

Suit un été bien tranquille et une saison automnale au cours de laquelle il se produit à Québec, à l'occasion d'un colloque sur l'Ontario français organisé par l'Alliance ontaroise de Québec et l'Association canadienne-française de l'Ontario. Quelques jours avant ce concert à l'auditorium de la Bibliothèque de Québec, il joue au Bar Équinoxe de l'Université d'Ottawa. Plus que jamais, la francophonie ontarienne lui témoigne un soutien inconditionnel. Demers est devenu le chanteur de l'heure en Ontario français. C'est chose maintenant très claire dans «le coeur franco-ontarien». La journaliste Paule La Roche fait écho à son passage sur le campus universitaire; voici ce qu'elle écrit dans *Le Droit* :

«On était là pour swinger. Pour tripper. Paul Demers, faisant feu de tout bois, en a profité pour mettre le feu aux poudres : ce public-là voulait avoir du fun! Il leur en a donné! Avec ses rythmes de blues, de rock, de swing, soulignés de cuivres, claviers et basse à l'appui, avec une touche d'harmonica, Paul Demers aura donné toute son énergie, toute sa chaleur, pour embarquer son monde. J'adore cette voix agréablement nasillarde et éraillée, étirant ses diphtongues à n'en plus finir pour mieux couler ses mots sur ces musiques. L'accent sert bien le genre!».

Inévitablement, La Roche mentionne la question d'un éventuel microsillon. Elle s'impatiente. Demers s'empresse de la rassurer. Au mois de février prochain, il commencera la production; Yoland Houle, qui a déjà accompagné Paul Piché, Michel Rivard, Daniel Lavoie et quelques autres artistes québécois, y oeuvrera. Le spectacle de l'Équinoxe attire aussi l'attention de Fernand Boudreau, reporter pour le journal étudiant *La Rotonde*. Il intitule son texte *Paul Demers, chanter du coeur, chanter par coeur* :

«Dès la première pièce, on reconnaît le style, Demers lui-même, il connaît son public et sait ce que celui-ci attend de lui. Pour lui, le spectacle s'est déroulé dans une atmosphère de rencontre familiale pleine d'enthousiasme au cours de laquelle les gens se sont amusés et ont lâché leur fou... Le coeur franco-ontarien était présent ce soir-là».

Tout va comme sur des roulettes, côté carrière, puisque le 6 décembre, dans le cadre d'un concours pour l'émission *Pop-Express* à Télé-Métropole, il se rend à Montréal franchir l'étape des

Aux célébrations de la Saint-Jean, à Hearst, en 1987. Photo : Victor Granholm

quarts de finale avec sa nouvelle chanson, *En stéréo et en couleurs*. Et la revue de création *Rauque*, de la maison d'édition Prise de Parole à Sudbury, publie sept de ses chansons dans son numéro d'automne. Demers est présenté comme un être à la fois frondeur et fragile qui aime se faire le témoin intime de la vie. On écrit qu'il mord la vie à pleine dents : «Un coeur qui crie, des mots qui murmurent comme une rime : un troubadour de l'amour. Pour écrire, pour composer, le chansonnier se retrouve au jardin des solitudes».

Effectivement, Demers reste tout de même un solitaire malgré le métier qu'il pratique. Au cours des deux dernières années, il en a profité pour créer plusieurs chansons. Ses calepins de notes témoigneront plus tard du cheminement des chansons comme *Sam, Quand tu blues, En stéréo et en couleurs, Tout oublier*. L'apparent succès des deux dernières années ne l'empêche pas pour autant de s'interroger. Dans une page d'un de ses calepins, il dresse une liste en six points, représentant à la fois un guide de conduite, de valeurs, de constats et d'actions à entreprendre. Il titre sa déclaration d'intention en anglais *Assumption* : 1. rien ne m'est dû; il faut le gagner (le travail mène au succès et vice et versa); 2. mon talent est le véhicule de mon affirmation; 3. l'équilibre entre la tête et le coeur n'est pas chose facile; 4. je possède une soif insatiable d'amour et d'acceptation par les autres; 5. mon ego est très variant (se gonfle et se dégonfle constamment); 6. mon travail donne un sens à ma vie.

Le 23 novembre 1986, son oncle Jean Prézeau décède, ce qui a pour effet de le plonger dans une série de réflexions lui rappelant l'épée de Damoclès de sa propre maladie. «Je ne cesserai d'exister face au Nirvana. Je ne cesserai d'exister face aux enfers. Je ne cesserai d'exister face à toi. Je ne cesserai d'exister même face au cancer», écrit-il alors dans ses fameux calepins. Mais là ne s'arrête pas sa recherche. «On peut être seul dans une foule... Tout le monde comprend cette image. Mais comment se fait-il qu'on peut se sentir seul même quand on est aimé? C'est ça être un artiste? La création sert de lien avec ceux qu'on aime. Parce que être aimé, c'est une lourde responsabilité! Je me sens doublement seul... comme artiste et face au cancer». Il ajoute : «Mais où est le lien (face au cancer) avec les autres? Dieu, aidez-moi! Maman, aide-moi!». Demers le sent bien; la partie ne sera définitivement jamais gagnée d'avance.

La route se poursuit au loin
1987-1988

Rechute et remise en question :
L'âme qui «fait mal»

Autant les deux dernières années ont été fertiles en émotions de toutes sortes et en succès divers, autant les premiers mois de 1987 deviennent un temps de remise en question. La maladie assaille de nouveau le frêle équilibre du chanteur qui, dès le 6 janvier, se soumet à des sessions de radiothérapie. Dans deux mois, Demers dépassera le cap de la trentaine. Il ne se sent plus jeune. Déprimé par le retour de la maladie, il se lance dans de longues réflexions. Pour quelques temps, il remet tout en question : vie de couple, l'existence, sa carrière, etc. C'est une période difficile, «creuse». On sent une lassitude évidente, voire une léger désespoir. Des passages tirés de ses cahiers de notes témoignent de son questionnement intérieur :

12 mars 1987 — «Ça y est, j'ai franchi le cap des trente ans. J'en ai 31. Pourtant, il me semble que je me pose encore les mêmes questions, sauf qu'à mesure que l'on vieillit, on les voit sous un autre jour. Est-ce ainsi perpétuellement? (...) Il est douloureux d'aimer, il est douleureux d'apprendre, il est douloureux de chercher, etc. Elle est douleureuse, la quête du bonheur... Autant de fois, j'ai voulu mourir, autant de fois, j'ai remercé Dieu d'être en vie... Ne pas savoir où donner la tête. Ne pas savoir où donner le coeur... J'espère que ce livre finira par : *Je ne suis pas seul ce soir et j'ai la tête pleine de projets.* C'est une histoire drôle. Une histoire triste (aussi). Une histoire qui a duré trop longtemps... On aurait voulu que ça finisse comme vient le printemps... Il ne me reste plus qu'une chanson à chanter. C'est une histoire drôle. Une histoire triste comme il s'en fait des milliers».

Le cafard est grand et lourd. Les longs détours que lui impose la maladie lui donnent l'impression de perdre encore beaucoup trop de temps, de ce temps si précieux qu'il ne peut consacrer au développement et à l'avancement de sa carrière. «C'est comme si en quinze ans de métier, je n'avais fait véritablement que cinq ans de carrière», expliquera-t-il quelques années plus tard. Il doit prendre son mal en patience, tout comme il l'a fait auparavant.

Il tient bon et les traitements sont couronnés de succès. Demers peut finalement poursuivre sa carrière. D'heureuses discussions avec quelques fidèles admirateurs l'incitent alors à s'engager à fond dans la réalisation du fameux microsillon tant désiré et souhaité par le public. S'il n'a pas les sous requis pour les coûts de production, pas de problème, on s'occupera de recueillir les fonds nécessaires à même la communauté. En fait, des efforts sérieux en ce sens sont déjà en cours depuis l'automne précédant : cette souscription publique permet d'amasser environ 8 000 $. Demers a assez d'argent pour se permettre l'enregistrement d'un 45 tours, soit une version améliorée et plus moderne de *Mademoiselle,* accompagnée d'une toute nouvelle chanson, *Tout oublier.* Cet appui de ses *fans* est encourageant; avec un tel soutien, comment ne pas reprendre goût à la vie et à la chanson?

Au printemps, il se produit au Spectra, à Gatineau, dans le cadre des Lundis de Poly-Artistes. Dans le journal *Le Droit,* édition du 25 mars, Geneviève Picard rédige un article très favorable :

«Le professionalisme de Demers a fait effet dès le début de son spectacle. Ses chansons, sans tomber dans le facile, font du bien à entendre : ça sent déjà l'été. Des textes plutôt légers, rehaussés par un accompagnement musical riche et cohérent, servis par la chaude voix créent une atmosphère rappelant les parties au bord de la piscine ou sur la plage par un soir de juillet. Chaud, léger, ou parfois plus langoureux, mais toujours efficace».

La journaliste relève le fait que Demers, comme ce fut aussi le cas pour le groupe Ashini qui s'est aussi produit sur la même scène, a été demandé en rappel. Cela constitue une preuve, selon elle, de la qualité de ce que l'artiste a à offrir. Voilà aussi qui fait le bonheur de Demers et qui l'encourage encore. Il en aura toujours grand besoin.

Peu à peu donc, le cafard des derniers mois cède à l'optimisme, d'autant plus que d'importants développements surviennent dans sa carrière. On lui offre d'être la vedette américaine lors du spectacle de la chanteuse québécoise Céline Dion, au prochain Festival franco-ontarien; il accepte aussi d'être l'artiste invité aux fêtes de la Saint-Jean, à Hearst. Et puis, le 11 juillet, c'est en France, au prestigieux Festival de La Rochelle, qu'il se produira, entre Isabelle Huppert et une vedette montante de la chanson française, David Koven.

La Saint-Jean à Hearst

Le samedi 27 juin. C'est une journée bien spéciale à Hearst. Depuis le début des années 1980, les festivités de la Saint-Jean retiennent l'attention de la communauté et c'est toujours avec une certaine fébrilité que les jeunes attendent le grand événement de l'été. Le tout a habituellement lieu au Centre récréatif, à l'abri des éléments météorologiques. Cette édition de 1987 ne fait pas exception. Il pleut pendant presque toute la journée à Hearst, mais les organisateurs sont confiants; n'est-ce pas Paul Demers qui est la tête d'affiche?

Dans le passé, des artistes comme Donald Poliquin et CANO se sont produits avec énormément de succès lors de la Saint-Jean. Quand un groupe ou un artiste de réputation y est invité, c'est toujours un millier de personnes qui franchit les guichets, ce qui, chose importante, permet aux organisateurs de rentrer dans leurs frais. Pour Paul Demers, la soirée revêt une autre importance. Bien connu à Hearst, aimé et apprécié pour ses fréquents passages et visites en compagnie de son épouse, il est un peu considéré comme un gars de la place, y ayant vécu à l'époque de Purlaine. Pour lui, le test consiste à «se faire découvrir du reste de la population», celle qui n'est pas nécessairement au courant et à l'affût de la vie culturelle franco-ontarienne. Il doit la maintenir en haleine.

Sera-t-il d'ailleurs capable d'attirer le millier de spectateurs attendus par les organisateurs? Sera-t-il capable aussi de les convaincre de son talent, et ce, jusqu'à la toute fin?

Autant les attentes sont grandes de part et d'autres, autant Demers relève le défi haut la main. Ce 27 juin, il *fait un malheur* dont on parlera longtemps à Hearst. Dans l'édition du 30 juin du journal *Le Nord,* une photo saisissante paraît en première page. On y voit Demers tendant le micro à des jeunes presque en délire; et en surimpression on y lit que *Demers soulève son auditoire.* Le journaliste Francis Bouchard décrit l'atmosphère de la soirée :

«Paul Demers s'est sûrement fait de nouveaux *fans.* (...) L'artiste n'a pas mis de temps à embarquer la foule... Demers a vite démontré son entrain sur scène qui s'est transposé rapidement sur son auditoire... Lors de la finale, c'est après deux rappels que l'auditoire devait le laisser partir.

Quelle belle sensation en effet pour lui qui, à la veille d'entreprendre son périple en France, semble finalement reprendre sa carrière là où il l'avait laissée quelques mois auparavant, tout feu, toute flamme, toute énergie.

Le point en entrevue : «ma raison de vivre»

Au cours des deux mois qui suivent, Demers a l'occasion de faire le point sur la récente effervescence de sa carrière, et ce, grâce à des entrevues radiophoniques réalisées sur les ondes de Radio-Canada, notamment avec Claude Deschênes de CJBC-Toronto dans le cadre de l'émission *Radio Clip* du 3 août 1987. Le lendemain, ce sera avec le populaire et renommé animateur Jean-François Doré, de CBF-Montréal, à l'émission *Entre les deux oreilles.* Les deux animateurs interrogent Demers au sujet de sa récente expérience au Festival des francofolies de La Rochelle, de son style musical, du cheminement de sa carrière et de ses projets de microsillon. À *Radio Clip,* dans une entrevue tantôt décousue, tantôt captivante, mais toujours au ton intimiste, Deschênes questionne même Demers sur l'éclipse qui a suivi les années Purlaine; il aborde les problèmes de santé auxquels l'artiste fait face, sans toutefois jamais prononcer le mot cancer. En dépit d'une certaine pudeur, Demers ne contourne pas la question. Il l'attaque de plein fouet :

«La valeur de la vie prend un autre sens. Cela m'a attendri. Je n'étais pas prêt de la mort... mais presque. Cela m'a donné un souffle nouveau au niveau des énergies intérieures, du moins pour aller puiser des sources d'énergie insoupçonnées. Une fois que tu passes à travers cela, tu peux passer à travers de n'importe quoi. C'est un peu comme cela que j'ai pris la chose; une occasion de me remettre en question».

Et quand Deschênes ose lui demander pourquoi il n'a pas abandonné complètement la musique, Demers répond que «la chanson est ma raison de vivre... jusqu'à preuve du contraire». Au sujet des Francofolies de La Rochelle, Demers avoue être tout simplement enchanté par l'expérience et satisfait de sa prestation, même s'il elle n'aura duré qu'une demi-heure, le temps d'interpréter *Mademoiselle, Tout oublier, En stéréo et en couleurs, Les blues d'automne, Un jour j'irai dans l'Nord*, et *On grandit*. «Mission accomplie», conclut-il.

Deschênes s'intéresse au «son» Demers, trouvant bien difficile de le catégoriser puisque la musique va de la ballade au rock, et du folklorique jusqu'au traditionnel. Verra-t-on un style particulier à un certain moment? demande-t-il.

«C'est un choix que j'ai sans doute à faire, répond l'artiste. Mais ce choix n'est pas vraiment là. Cela fait plus de dix ans que je ballade ces chansons. C'est donc normal que l'on retrouve plusieur styles, plusieurs périodes de styles musicaux différents».

Quant au projet de microsillon, Demers explique qu'il part bientôt pour Montréal y enregistrer quatre chansons. Il en profitera pour frapper aux portes de certaines compagnies. Sans doute influencé par ses visites en France, il précise qu'il veut enrober ses chansons d'un «son international» même s'il hésite à trop se distancer des sonorités avec lesquelles il est habitué. Au moins deux ou trois chansons, confie-t-il, auront sûrement un son cuivré; les autres seront choisies parmi celles écrites au cours des trois ou quatre dernières années.

En compagnie de Jean-François Doré, Demers est amené à préciser s'il y a, à son avis, un son particulier aux Franco-Ontariens. Il estime que, même si Robert Paquette et CANO véhiculaient des musiques aux accents rock allègrement influencés par la musique country ou plutôt par le son sec et chaud des guitares acoustiques, le «son franco-ontarien» se serait maintenant davantage internationalisé. C'est un Demers un peu embarassé qui ajoute :

«S'il doit exister un son typiquement franco-ontarien, une dimension vraiment originale, ce serait probablement au niveau des inflexions vocales des chanteurs franco-ontariens. Le simple fait d'être des francophones en situation minoritaire, en présence constante de la culture anglophone, américaine et canadienne, donc tout simplement d'avoir à utiliser l'anglais très souvent, contribue à un accent aux intonations anglophones».

Quelques semaines plus tard, Demers rencontre le journaliste Paul Marquis, de la revue franco-ontarienne pour jeunes, *Clik*. Les sujets abordés : carrière, scène, microsillon, écriture.

«La scène, c'est ma vie. J'y suis bien et je crois que ça se sent. J'aime que les gens se sentent bien, qu'ils oublient tout pour la durée du spectacle. Je crois que c'est sur scène que se trouve le vrai test pour un artiste. (...) Déjà, chanter en français en Ontario, c'est un acte presque politique. À mes débuts, je me suis dit que j'aimerais faire à d'autres ce que Paquette et CANO ont pu me faire à moi : donner une certaine fierté de pouvoir vivre et faire des choses en français en Ontario sans être «quétaine» ou complexé. Seul le fait d'avoir touché des gens et leur avoir donné le goût de faire de la musique ou autre chose, c'est déjà beaucoup. En autant que le flambeau va continuer à se passer d'un à l'autre, ça va marcher».

Paul Marquis l'interroge ensuite sur l'inspiration et les méthodes de travail. Rarement, dans le passé, Demers a-t-il eu à répondre à ce genre de question. Aussi se fait-il candide :

«Du côté des textes, je dois avouer que je suis un peu paresseux. Mais je m'y mets quand même. Parfois, c'est très frustrant parce que les idées ne viennent pas toujours. Je peux jeter à la poubelle la moitié de ce que j'ai écrit. C'est pourquoi j'aime beaucoup travailler en collaboration; quand toi, tu es faible, l'autre est fort. Ça donne toujours quelque chose d'intéressant. J'ai passé à travers plusieurs phases, mais sans nécessairement travailler dans ce qui «marche» en ce moment. J'essaie d'écrire des textes simples et j'aime à penser que les gens vont s'y reconnaître. Je ne veux pas passer au-dessus de la tête des gens, c'est pourquoi je préfère un texte intelligent mais simple».

Quand vient le temps d'un spectacle, Demers confie être avant tout un perfectionniste sévère envers sa propre personne. Côté boulot, il est un homme exigeant. Pendant les quelques heures précédant un spectacle, le chanteur affirme «s'intérioriser»; il visualise. «Je repasse le spectacle dans ma tête. Et puis, quelques heures avant, lorsque qu'il n'y a personne, je vais me promener sur la scène, question de me familiariser avec elle pour y être à l'aise plus tard».

En guise de conclusion, Demers parle de son avenir. Sur un accent poético-philosophique, il aborde la question avec optimisme :

«C'est assez vague... je ne suis pas prêt à sacrifier ce que je suis pour aller plus loin, plus vite. Dans ce sens là, je considère que ce que j'ai, c'est du solide... J'aime prendre mon temps parce que c'est un beau métier que je fais. Un métier qui a ses angoisses : il n'y a jamais de garanties. Mais ce qu'il y a de vraiment intéressant pour un artiste, c'est qu'on n'est jamais rendu à la dernière marche».

Beau reportage que cet article pour les jeunes lecteurs du magazine *CLIK*. En se révélant ainsi, Demers contribue à démystifier l'art du spectacle et de la chanson. Il ne craint pas de le faire puisque la cause de la jeunesse franco-ontarienne lui tient à coeur.

Ces différentes entrevues permettent à Demers de méditer sur son cheminement d'artiste. Mais la réflexion n'empêche pas l'action. Entre quelques sessions d'enregistrement à Montréal pour la réalisation de son microsillon, il participe à un concours de vidéo-clip commandité par la station CBLFT-Toronto, de la Société Radio-Canada. Il y présente *Mademoiselle*. Puis, en novembre 1987, il figure parmi les artistes franco-ontariens qui doivent se produire dans les Maisons de la culture, à Montréal, lors de la Quinzaine ontaroise qui se veut une vaste opération de promotion des artistes francophones de l'Ontario dans la métropole. C'est avec grande fébrilité qu'il s'y prépare. Quelques jours avant sa prestation à la Maison de la culture du Plateau Mont-Royal, il est de nouveau l'invité de Radio-Canada, à l'émission *Il fait toujours beau quelque part*. On sent l'esprit d'anticipation qui l'anime. C'est important pour le chanteur d'être vu, de devenir plus visible dans la métropole. Il ne doit pas rater l'occasion qui se présente; il doit même y mettre le paquet.

Avec l'interviewer Daniel Guérard, le chanteur franco-ontarien parle de sa carrière, des différentes bourses qu'il a obtenues par le passé et de ses passages en France. Il explique que 8 000 $ ont été amassés grâce à une campagne de financement auprès de ses *fans* et que c'est grâce à cet appui qu'il a pu commencer à travailler en studio. «Vous avez eu une idée originale, une excellente idée. Vous êtes un p'tit débrouillard», lui lance Guérard.

La Quinzaine ontaroise aura finalement remporté un succès mitigé auprès des Montréalais; les grands médias, entre autres, n'ont presque pas fait état de l'événement. Paul Demers ne se décourage pas pour autant. Il gravera bientôt son 45 tours et renouvellera, par le fait même, ses outils promotionnels. C'est le 14 février 1988, jour de la Saint-Valentin, que Demers lance officiellement ce 45 tours à l'émission *Ontario Plus*, qu'anime André Nadeau, pour le compte de la radio de Radio-Canada en Ontario.

L'animateur présente Demers comme «un nom synonyme de relève». Mais, s'empresse-t-il d'ajouter, «Demers vous dira sans doute que cela fait douze ans qu'il fait partie de la relève». Le propos de Nadeau est très révélateur. Après tout ce temps à faire ses classes dans les clubs, les différentes salles de concert ontariennes et d'ailleurs, il est temps en effet que Demers accouche d'un produit capable d'atténuer cette décevante perception. Ce produit, bien sûr, c'est le microsillon.

L'animateur s'interroge sur le choix de *Mademoiselle.* Pourquoi pas une nouvelle chanson? L'artiste s'explique. C'est que depuis 1985, ce texte «a mûri». Étant donné le succès de la chanson auprès du public franco-ontarien, «il fallait l'enregistrer». Et puis, il trouvait les nouveaux moyens irrésistibles (tout l'arsenal technologique mis à sa disposition).

Demers est aussi à la veille d'une autre visite en France. Nadeau souligne avec enthousiasme que c'est la troisième année consécutive que le chanteur traverse l'Atlantique. Un bon signe? «À chaque année, j'essaie, je travaille toujours en fonction d'un retour possible l'année suivante. Cette année, je veux en profiter pour dénicher des gens de l'industrie». Puis Nadeau de poser une dernière question : «dans un an, le 14 février 1989, où aimeriez-vous vous retrouver?» «Bien... j'espère que l'album sera complété et qu'il aura eu un impact».

Quelques semaines plus tard, à l'Auditorium Fraser de l'Université Laurentienne, Demers se produit à la Nuit sur l'étang. Il en met plein la vue et les oreilles, donnant un spectacle varié et un avant-goût de ce que sera son microsillon, maintenant prévu pour «quelque temps cette année»... Sur les premiers accords et sonorités de *Stéréo et en couleurs,* Demers entre en scène, aspergeant l'auditoire de confettis. On le sent toujours aussi plein de ce charisme qu'on lui reconnaît. C'est la grande forme. Ses vêtements sont du dernier cri. L'atmosphère est électrique. Guitare en mains, le chanteur enchaîne avec deux nouvelles chansons : *Elle avance* et *Crépuscule:* cette dernière est une courte chanson aux accents langoureux qui se situent à la croisée du jazz et du blues.

Un instant de répit, une gorgée d'eau, puis il présente une chanson qu'il prétend n'avoir jamais jouée. Il ne réussit pas à tromper longuement son auditoire qui, dès les premières mesures de *Made-*

moiselle, reconnaît la célèbre *toune* et clame son approbation; Demers invite aussitôt les gens à chantonner «pour la radio».

Le chanteur a vécu plusieurs Nuits. Mais chacune de ses prestations a toujours été bien différente. «La vibration collective se sent», explique-t-il. Sa ballade terminée, il enfile des lunettes de soleil pour interpréter ses *Blues d'automne.* Les dialogues coutumiers du début de la pièce ne tardent pas à faire place à une chanson au rythme énergique et endiablée. Enfin, comme il fallait s'y entendre, il coiffe le tout avec *Un jour j'irai dans l'Nord.* Une autre grande réussite pour le chanteur et ses musiciens puisque, encore une fois, Demers décroche le prix Bertrand pour la meilleure chanson de la soirée avec *Elle avance.*

Encouragé, stimulé, son 45 tours sous le bras, il s'embarque pour la France le 9 mars 1988. Jean-Louis Foulquier l'accueille de nouveau à son émission *Pollen.* Il présente Demers comme celui qui a fait un triomphe aux Francofolies et, question de le mettre un peu plus dans l'atmosphère, le taquine gentiment à propos de son accent : «Une p'tite voix qui chante; ça vaut bien Marseille». Le chanteur donne une excellente performance et ne se laisse pas impressionné outre mesure par l'un des prestigieux invités, Alexandre Lagoya, grand guitariste de musique classique. Il interprète *Mademoiselle* et *Blues d'automne.* Les réactions sont enthousiastes; les spectateurs applaudissent chaleureusement. Une belle réussite sur toute la ligne.

Demers se produit aussi en province et les journaux font état de son passage. À Rennes, *Ouest France* rapporte que «ça a swigné (...) dans la salle d'honneur de la mairie (Dinan, Bretagne) où Paul Demers y donnait un aperçu de son talent». Dans son édition du 17 mars, *La Marne* y va d'une recension au ton dithyrambique :

«il est inutile d'espérer rester de marbre à l'écoute des chansons qui allient émotion, humour et dynamisme sur des airs de jazz et de blues. Les pieds bougent tous seuls, on se surprend à claquer des doigts, l'énergie et le charme (...) envoûtent la salle pendant deux heures de spectacle de complète évasion».

De retour au Canada, stimulé par son succès en terre française, il décide qu'un peu de publicité s'impose. Le 8 avril, sa maison d'édition musicale Poloden fait le point dans un communiqué livré partout en province. On cherche à renseigner les admirateurs et, bien sûr, les *fans* qui ont investi dans le projet du microsillon :

Un troisième 45 tours sur étiquette Poloden en carrière solo pour Paul Demers

Ottawa — Pour nous donner un avant-goût de son microsillon prévu pour cette année, voici le résultat d'une première session au Studio Victor à Montréal. On y retrouve un rock, *Tout oublier*, écrit en collaboration avec François Groulx, et une nouvelle version de la ballade *Mademoiselle* en face B (texte de Jean Marc Dalpé). Pour réaliser cette session, Paul Demers s'est entouré de musiciens de Montréal : Yoland Houle à la réalisation, aux arrangements et à la basse; Christian Péloquin à la guitare; Gérard Cyr aux claviers et au saxophone; Denis Toupin à la batterie et Claire Pelletier aux voix.

Le vidéo-clip de la nouvelle version de *Mademoiselle* qu'il a enregistré dans le cadre d'un concours pour l'émission *Vidéo-Clip* de Radio-Canada a remporté deux mentions : meilleure interprétation et meilleur texte. En outre, Paul Demers s'est mérité pour une deuxième fois la Bourse Bertrand à la Nuit sur l'étang 1988, à Sudbury, pour sa chanson *Elle avance*.

De plus, Paul Demers arrive d'une tournée de trois spectacles en France où il a participé à une émission de radio (*Pollen* avec Jean-Louis Foulquier) et une de télévision. Il s'envole vers Lafayette en avril pour donner un spectacle au Festival international de Louisiane.

Le lendemain de sa prestation au Contact ontarois de Toronto, Demers part pour la Louisiane avec son équipe de musiciens. Une fois débarqué, il n'en revient pas de l'accueil et de l'organisation. Il est traité comme une vedette. Tout est à point : les coulisses, la scène et le public... qui le trouve bien sympathique. C'est la fête. Le public se reconnaît facilement dans l'amalgame de musique rock et blues que lui propose le chanteur. Demers jure que c'est là l'un des meilleurs festivals auquel il lui a été donné de participer.

Une semaine plus tard, il rentre à Ottawa, enchanté; son séjour louisianais lui inspirera plus tard la chanson *Zydaco pour Magali*. Mais pour l'instant, il doit se préparer pour un spectacle au Centre national des Arts à Ottawa; *Aujourd'hui pour demain* met en scène des chanteurs francophones du Canada et est présenté dans le cadre du colloque *Visa pour la culture*, organisé par la Fédération culturelle canadienne-française. Puis il se rend à Windsor pour célébrer la Saint-Jean lors de La Nuit dans les champs. C'est à cette occasion qu'il se prête à une des plus belles entrevues radiophoniques de sa vie, avec l'animateur Robbert Fortin, de CBEF-Windsor.

En début d'entrevue, Fortin demande à Demers de commenter son expérience à Lafayette, notamment à propos des échanges qu'il aura pu vivre là-bas, sinon des influences possibles qu'il pourra en retirer. La réponse est candide. Le chanteur n'hésite pas à faire le lien entre la chanson louisianaise d'expression française et son métier d'auteur-compositeur-interprète franco-ontarien : «Cela crée une énergie... On réalise que l'on est pas seul à se débattre dans ce métier difficile».

L'entrevue prend ensuite le ton d'une conversation intime entre deux amis. Fortin questionne habilement Demers sur sa vision de la chanson, de la scène et des affaires s'y rattachant, de la possibilité de faire carrière en Ontario et, évidemment, il en vient à parler du fameux microsillon, toujours aussi attendu. «Le spectacle de ce soir en constitue un avant-goût», précise alors Demers qui avoue que la campagne de souscription a été insuffisante et que seulement deux véritables sessions de studio ont pu être complétées. «J'y vais session par session», confie-t-il.

Révélation lors de cette entrevue : Paul Demers deviendra père sous peu, Jeanne devant accoucher au début du mois d'août. L'attente et la venue de cet enfant représente tout un défi pour le chanteur qui envisage consacrer beaucoup de temps au nouvel être, entre les couches et le biberon. D'ici là, il continue à travailler, offrant une série d'ateliers à des jeunes de la région d'Ottawa dans le cadre d'un programme d'été mis en oeuvre par la ville. Il est aussi du Festival franco-ontarien, édition 1988, en compagnie de la jeune auteure-compositeure-interprète Joëlle Lanoix et des poètes Jean Marc Dalpé et Patrice Desbiens. Il s'agit du spectacle franco-ontarien *Coup de coeur* que parraine TVOntario. Demers y présente deux autres nouvelles chansons : *Sam* et *Quand tu blues.*

Paul Demers affirme être heureux : «Je suis vraiment chanceux depuis deux ou trois ans». Il se sent arrivé à un point tournant. Sa carrière est en plein essor et il est impatient de découvrir le petit être qu'il aime déjà beaucoup. Décidément, cette année 1988 aura été une belle année.

Magali naît le 8 août 1988, jour du décès de Félix Leclerc. Pour le nouveau père, il s'agit d'un grand changement dont il n'a jamais soupçonné l'ampleur et l'incidence dans sa vie. Les exigences paternelles, même si elles sont nourries d'incommensurables moments de joies et de révélation, sont indéniables. Il faut être là pour le nouvel être. Aussi les nuits sont courtes. Demers ne peut plus se reposer à sa guise comme il le faisait si bien. Qu'à cela ne tienne, il tente le plus possible d'être présent et de soutenir son épouse.

Toutefois, il a beau vouloir être le meilleur des pères, il sent une fatigue, voire une certaine lassitude l'envahir. Il constate que ses énergies s'amenuisent et la peur d'une rechute commence à le hanter. Ses craintes sont fondées. Les prochains six mois seront pour lui une véritable descente aux enfers. Encore une fois, la maladie vient lui couper l'herbe sous les pieds, freinant indûment le développement de sa carrière. Cette fois, est-ce qu'il passera au travers? C'est bien la question que se pose avec inquiétude le chanteur franco-ontarien. Et son microsillon verra-t-il le jour? La question est déplacée, voire triviale. Paul Demers n'a qu'une préoccupation en tête : vivre, au pire, survivre.

Pour l'espoir
1989-1991

La descente aux enfers :
«Le ciel est sombre...»

Très tôt au début du mois de janvier 1989, Paul Demers rencontre son médecin, pour apprendre que des traitements de chimiothérapie s'imposent. À son agenda, il inscrit la date du mardi 24 janvier comme journée d'admission à l'Hôpital municipal d'Ottawa. Il ajoute : «arrêter de fumer». C'est le soir même de son entrée à l'hôpital que le traitement lui est administré. Dans son calepin de notes qu'il a délaissé depuis quelques années, il écrira, deux jours plus tard : «La première heure fut pénible. J'étais intenable et j'avais l'impression que je ne pourrais pas dormir. Je me parlais seul. Je me disais que je n'étais pas prêt pour cela. Que de mauvais souvenirs ont surgi tout à coup...».

Il revient à l'hôpital le 10 février, suite à une infection. Il y passe quatre jours. Mais deux semaines plus tard, il est de retour pour une deuxième session de traitements (du 27 février jusqu'au 2 mars). Cela ne l'empêche pas de se préoccuper de l'actualité culturelle franco-ontarienne. Sur son calendrier, il biffe les cases du samedi 4 mars, journée de La Nuit sur l'étang, du 31 mars, date limite pour demander des bourses au Conseil des Arts du Canada et des 20-21-22 avril, dates du prochain Contact ontarois.

La date du 31 mars est celle qu'il a surtout en tête car en soumettant une demande au Conseil des Arts du Canada, il espère décrocher une bourse qui l'aidera à passer les prochains mois, du moins à compléter son fameux microsillon en enregistrant les trois ou quatre chansons qui manquent. Ainsi, «espérer» devient le verbe qu'il conjugue au présent, même s'il doit être soutenu, cajolé et nourri sans arrêt.

Après discussion avec son médecin, il décide de se rendre à Toronto pour une greffe de la moelle osseuse, ce qui lui avait d'ailleurs été suggéré dès le début des sessions de chimiothérapie, si celles-ci devaient s'avérer fructueuses. C'est la période la plus pénible de sa convalescence, période qu'il décrira comme une véritable «descente aux enfers». Les mois de juin et juillet sont particulièrement pénibles, comme en témoigne un passage de ses carnets en date du 26 juin : «Je vis depuis deux semaines à l'hôpital; je me suis permis de déménager du Toronto General jusqu'au Civic d'Ottawa (Air Ambulance), et ce, après maints traumatismes causés par les traitements (tests, dentistes, chimiothérapie, greffe de la moelle osseuse, transport par avion... et il faut toujours communiquer ses maux en anglais!)».

Au moment où il écrit ces lignes, Demers n'a presque pas mangé depuis une semaine, se contentant surtout d'absorber de la nourriture liquide : boisson, bouillon, pilules en poudre. Il éprouve beaucoup de difficulté à avaler puisque sa bouche et sa gorge sont infectées suite à diverses blessures (les cellules blanches dans le sang, dites cellules guérisseuses, sont quasi inexistantes). Malgré tout, il se dit quand même satisfait... «dans les cirsconstances». Les jours se suivent, mais ne se ressemblent pas. Il devient de plus en plus dépressif.

Carnet du 22 juillet : «Je suis très conscient du temps qui s'est passé et qui se passe. Ma bouche est presque entièrement guérie. Mais j'ai peine à retenir mon manger (je repousse souvent mon souper plus tard en soirée). Je ne pensais jamais que les pensées négatives et la dépression prendraient autant de place dans ma vie, à ce stade-ci de ma maladie, de mon traitement. Semble-t-il qu'il n'y a pas de trace du Hodgkin dans la moelle que l'on a testée il y a deux jours. Mais étant donné que ma moelle n'est pas très riche en cellule, on a décidé de recourir à cette drogue non encore approuvée (qui demande des autorisations spéciales du gouvernement; je serais peut-être juste le dixième au Canada à y recourir). Le docteur Keating à Toronto y a eu recours à quelques occasions avec succès. (...) On s'attend à recevoir (le médicament) lundi, mardi ou mercredi prochain. Dieu, donne-moi le courage et la persévérance nécessaire pour vivre ces durs moments! J'aime Magali. J'aime ma femme. Si Dieu le veut, c'est une deuxième vie qui m'attend».

Ce sont donc les montagnes russes de l'émotion que parcourt Demers, celles qui vont de la détresse jusqu'à l'enchantement. Le jeudi 27 juillet, il est amèrement déçu des résultats d'un test relatif au taux de globules blancs dans son sang. La déception lui est devenue une désagréable habitude. Mais il doit l'assumer. «Mon moral est excessivement atteint. Qu'est-ce qui m'attend? La drogue «miracle» est toujours attendue avec patience...»

Le 31 juillet, cela fait exactement 45 jours qu'il est hospitalisé. Il est fort déçu; il s'était donné jusqu'à la fin du mois... Malheureusement, l'hospitalisation doit se poursuivre. Il est de nouveau désarmé. «Chaque mauvaise nouvelle a un effet dévastateur sur moi. 45 jours d'hospitalisation, ça affecte son homme! Mais voilà que depuis quelques jours, les cellules blanches montent d'une façon constante : .3, .4, .5 et .6. Aujourd'hui, je n'ai pas encore de résultat. Mais j'ai complété un dessin, une pleine page de cellules blanches; j'espère que l'inconscient s'occupera du restant».

Dès le lendemain, avec un accent un peu plus philosophique, il fait le point : «J'aurai participé à trois mois, de près ou de loin, d'hospitalisation. Il faut que cette étape nouvelle de passer le mois d'août s'interprète comme *le début de la fin*. Il serait surprenant, autant pour moi que pour les docteurs, que mon séjour dépasse le nouveau mois. Il s'agit de garder le moral. (...) Tout ce que je peux souhaiter, c'est que la montée de mes cellules blanches soit sans détour et qu'elle atteigne .7 ou .8. (Si Dieu le veut, je comprendrai que le moment est venu et que je dois démontrer à mon tour mon amour pour Dieu et pour tous mes amis qui y ont eu recours depuis mon hospitalisation)». Une semaine plus tard, à la veille du premier anniversaire de la petite Magali, prend-il bien soin de noter, il tente de se «sortir de ses pressions quotidiennes» en y allant de quelques exercices : «Il faut que mon attitude s'améliore et que je sois plus positif».

Finalement, le mardi 15 août, Paul Demers reçoit son congé de l'hôpital. Il devra toutefois demeurer chez lui en convalescence pour au moins deux mois.

Le Gala de la Loi 8 :
«aujourd'hui pour demain»

Qu'allait-il maintenant faire de sa vie? En fait, il n'était aucunement question d'abandonner la carrière même s'il avait encore une fois l'impression de devoir repartir à zéro et rebâtir sa crédibilité auprès du public. Il lancera plus tard, à ce sujet : «On ose même pas m'approcher parce que l'on sait que j'ai été malade. Or mon job, c'est de chanter... mais on ne veut pas m'engager».

Heureusement, il a reçu la Bourse B du Conseil des Arts du Canada : 14 000 $ qu'il peut utiliser comme bon lui semble pour régler ses frais de subsistance ou ses frais de production, selon les besoins. Il décide d'en investir une partie dans la réalisation de son album. L'octroi de cette bourse lui permet donc de souffler un peu et de ne pas s'en faire outre mesure avec les aléas de la vie.

À la fin du mois d'octobre, il reçoit un appel du musicien François Dubé, qu'il connaît bien. Dubé s'occupe de la direction musicale d'un spectacle devant être produit le samedi 18 novembre 1989, à Toronto. Il s'agit d'un super spectacle qui soulignera l'entrée en vigueur de la Loi ontarienne sur les services en français (Loi 8). Dubé a besoin d'une chanson pour marquer l'événement et il croit que Paul Demers peut non seulement l'écrire mais relever également le défi de la chanter devant le grand public.

Trop belle occasion pour refuser, pense le chanteur qui aime les défis. Écrire une chanson qui metterait en évidence la vitalité franco-ontarienne, puis l'interpréter... Ce serait là un beau retour sur scène, surtout après tant de mois d'inactivité (son dernier spectacle remonte à Ottawa au mois de janvier). Mais aura-t-il les capacités physiques d'ici là pour se soumettre avec succès à ce stress. Après tout, il est considérablement affaibli. Et ses cheveux qui ont tombé et qui n'ont pas encore eu le temps de repousser... On ne pourra pas s'y méprendre; c'est un malade qui montera ce soir-là sur scène.

Comprenant mieux que quiconque l'importance de l'événement, il accepte de s'imposer un tel stress. En d'autres cirsconstances, reconnaît-il aujourd'hui, il n'aurait jamais accepter cela, surtout en pleine convalescence. «Je devais accepter plutôt que *pourrir*. Et, en acceptant, au moins je ne restais pas inactif».

Paul Demers consent donc à participer. Mais son assentiment vient un peu à l'aveuglette. Il n'a finalement que trois semaines pour livrer la marchandise. Les producteurs du Gala de la Loi 8 (des gens de Montréal) le ramènent vite à la réalité en lui mettant beaucoup de poids sur les épaules. On s'empresse prétentieusement de lui expliquer la signification de la Loi 8 pour l'Ontario français. Demers n'a naturellement pas de leçon à recevoir de quiconque à ce sujet. Tout de même, il tend l'oreille... Ce que l'on veut, c'est une chanson à la Yves Dutueil ou encore à la Michel Rivard, une chanson sur le thème de la langue française.

Pour répondre à cette commande de TVOntario, il s'affaire à la tâche du mieux qu'il le peut. Mais il a besoin d'inspiration. C'est encore dans l'oeuvre du poète Jean Marc Dalpé qu'il la puise, notamment dans les recueils **Gens d'ici** et **Les murs de nos villages**. Peu d'écrivains, croit alors le chanteur, ont écrit avec autant de respect sur l'Ontario français que Jean Marc Dalpé. Il voit juste et s'inspire abondamment de deux vers du poète : «Notre langue, on l'avait dans nos poches, nos poches avaient des trous». Paul Demers accouche finalement d'un texte dont il est fier, au contenu simple mais qui touche l'essentiel. Sa chanson *Notre place*, plus qu'une prière sur le devenir de la langue, est un salut sincère à tous ces gens qui la parlent. «Ce sont les gens qu'il faut célébrer», croit-il profondément. Plusieurs mois plus tard, lors d'une entrevue qu'il livrera au journal *Le Nord*, il affirmera : «À défaut de ne pouvoir nommer tout un chacun en Ontario français, j'ai décidé de nommer des villes et des villages qui sont vraiment francophones. Mon approche a été géographique. C'est aussi ça la réalité franco-ontarienne : la dispersion géographique».

Le samedi 18 novembre 1989, le grand Gala est diffusé en direct sur La Chaîne de TVOntario et, le lendemain, en différé sur les ondes de TV5, la télévision internationale de langue française. Tout un retour en perspective pour Paul Demers! Ce même samedi, Andrée Poulin signe un portrait de l'artiste dans *Le Droit*, qu'elle intitule «Paul Demers : la fierté de l'être». Elle commence son article sur un ton empreint d'admiration :

«À coups de poésie, à force de mélodie, il fait vibrer les Franco-Ontariens depuis plus de dix ans. Il a clamé très haut, en paroles et en musiques, la fierté d'être franco-ontarien et la nécessité de l'affirmer. Certes l'un des chanteurs les plus connus et les mieux aimés de l'Ontario français, il est souvent amené à jouer le rôle — parfois plaisant, parfois ingrat — de porte-étendard de la «cause franco-ontarienne». Qui d'autre, alors, que l'auteur-compositeur-interprète Paul Demers pouvait mieux souligner ce moment historique de l'entrée en vigueur de la Loi 8 sur les services en français?».

La journaliste se penche sur la vie récente de Demers : maladie, opinions sur la question franco-ontarienne, microsillon à venir et projets d'avenir.

«Tel un roseau, souple et solide, Paul Demers a plié sous la bourrasque, mais il n'a pas brisé. Déterminé coûte que coûte à surmonter ce mauvais coup du sort (la maladie de Hodgkin), il se remet lentement sur pied, à force de courage, de patience et de ténacité».

Elle décèle néanmoins un certain «soupçon d'amertume» malgré l'assurance du chanteur. «Je vais le finir, cet album, car je le dois à mon public». Parallèlement, Demers n'est plus poussé par cette urgence de créer, de produire, de faire ses preuves comme artiste. «Je me suis rendu compte que c'était beaucoup plus productif d'être serein. De toute façon, sans la santé, rien n'est possible, alors j'ai appris que c'était nécessaire pour moi d'en faire une priorité». La journaliste souligne «qu'en acceptant aussi sereinement les embûches qui entravent sa création et entravent sa montée, Paul Demers fait preuve d'une grande maturité et de sagesse». Pour appuyer son propos, Andrée Poulin fait paraître deux photos d'un Demers souriant, la petite Magali dans les bras.

L'heure de vérité venue, Demers n'a aucune difficulté à livrer la marchandise. Comme à l'habitude, les réactions sont immédiates dès que l'auditoire entend les premiers accords de *Mademoiselle*. Mais ce n'est qu'à la toute fin du Gala que Paul Demers chante *Notre place*; il soulève complètement l'auditoire et entraîne avec lui tous les autres artistes qui ont paru plus tôt sur scène. Sa voix est certes enrouée, plus faible qu'à l'ordinaire; sa chevelure, courte et fraîche, laisse soupçonner une récente perte de cheveux; son allure, fragile et délicate, demeure révélatrice du combat qu'il livre contre le cancer; mais rien de tout cela n'empêche Demers d'y aller de toutes ses énergies, tant et tellement qu'un sursaut d'électricité semble tout à coup surgir de la salle. Même à la télé, ça se sent.

Un article du rédacteur en chef de la revue *Liaison* décrit l'atmosphère; voici un extrait du texte que Paul-François Sylvestre signe dans le numéro 55 du magazine culturel de l'Ontario français, en date du 15 janvier 1990 :

«Les Franco-Ontariens et Franco-Ontariennes ont célébré en force l'entrée en vigueur de la Loi sur les services en français. Le Grand Gala a fait salle comble. On est venu *de Pointe-aux-Roches ou d'Orléans... de Lafontaine ou de North Bay... d'ici jusqu'à Fauquier.* Que reste-t-il de cette super franco fête?

Il s'est prononcé un tas de belles paroles, certaines ronflantes, d'autres enlevantes. Aujourd'hui, on se souvient vaguement de ces propos. (...) Ce sont les artistes, en dernière analyse, qui ont rendu le Gala de Loi 8 inoubliable. (...) Le clou de la soirée a été planté par Paul Demers qui a chanté *aujourd'hui pour demain,* qui a chanté *pour un avenir meilleur,* qui a chanté NOTRE PLACE (...) Le 19 novembre, à 00h05, une fois tous les ballons crevés dans une atmosphère euphorique et toutes les coupes de champagnes savourées, Paul Demers a trouvé encore l'énergie nécessaire *afin de pouvoir nous rapprocher*».

Encore une fois, mission accomplie. Paul Demers a une fois de plus réussi... là où ça compte. Mais son véritable retour en force, c'est pour la prochaine Nuit sur l'étang qu'il le mijote. D'ici là, le chanteur s'intéresse à la formation d'un regroupement capable de s'imposer comme porte-parole représentatif des auteurs, compositeurs, interprètes et musiciens de l'Ontario français, et ce, dans le but de favoriser leur développement comme leur épanouissement. L'assemblée de fondation de cet organisme a lieu à Sudbury, le 3 mars 1990, en marge du seul et véritable rendez-vous annuel de la chanson franco-ontarienne. C'est toute une pléiade de personnalités de la chanson d'ici qui est sur place : les Poliquin, Lalonde (Garolou), de Grandmont, Lavoie et compagnie. À l'issue de la rencontre, c'est à Demers qu'incombe la présidence de l'organisme (aujourd'hui l'Association des professionnels de la musique et de la chanson franco-ontariennes).

Nouvelle Nuit sur l'étang, nouvelle consécration du talent de Paul Demers. Il se prépare comme il l'a toujours fait par le passé, soit par ses techniques de concentration et de visualisation. C'est l'occasion pour lui de présenter quelques nouvelles chansons : *Zydaco pour Magali,* inspirée bien sûr de sa visite en Louisiane, et *Notre place.*

Avec *Zydaco,* Demers décroche un tout nouvel honneur, soit le prix spécial La Chaîne qui consacre désormais la meilleure présentation d'une chanson originale franco-ontarienne. Cette distinction vaut au récipiendaire la production d'un vidéoclip, gracieuseté de TVOntario. Par ailleurs, La Chaîne a déjà produit le clip de *Notre place* qu'elle lance le premier juin dans le cadre de l'assemblée générale de l'Association canadienne-française de l'Ontario. Qui plus est, on annonce aussi que cette création deviendra la chanson thème de La Chaîne et que le vidéo-clip *Zydaco pour Magali* sera lancé au courant de l'été.

Paul Demers est heureux du rôle que jouera dès lors le poste de télévision dans l'avancement de sa carrière. On sait en effet que, de nos jours, la diffusion de clips contribue largement au rayonnement des artistes. Ce sont des outils de promotion devenus essentiels. Chaque chanteur doit avoir son clip; c'est l'affiche télévisuelle par excellence.

La Saint-Jean à Sudbury : «avant, pendant et après Meech»

Le dimanche 24 juin 1990. La Saint-Jean revêt cette année-là un cachet politique, en Ontario français comme au Québec. La débâcle des Accords constitutionnels du lac Meech est chose maintenant officielle; l'avenir politique du Canada est remis en question et l'indépendance politique de la province de Québec est évoquée dans tous les milieux. Quel sort sera dès lors réservé aux minorités francophones à l'extérieur du Québec, surtout au lendemain de la crise linguistique (Sault Sainte-Marie) qui a secoué récemment l'Ontario? Tant de questions... Tant d'incertitudes.

Invité à donner la première partie du spectacle de la Saint-Jean à Sudbury, le 23 juin, juste avant Robert Charlebois, Demers en profite pour lancer un cri d'espoir et de ralliement. Avant d'entonner sa nouvelle chanson fétiche, *Notre place,* il s'écrie : «Nous étions là avant. Nous étions là pendant et nous serons là après». Le chanteur, à qui jadis la question politique répugnait, n'a aucune pudeur. Il se sent dans l'obligation d'affirmer un message devant les 2 000 personnes devant lui et, aussi, devant le Canada tout entier puisque le spectacle enregistré par Radio-Canada sera diffusé plus tard durant l'été.

Tout est enfin prêt à l'été de 1990. Paul Demers peut distribuer son dernier produit, celui qu'on attendait fébrilement : il y a la version cassette et la version disque audio-numérique (compact). En août, il vient se reposer à Hearst. Son ancien copain du temps de Purlaine et de la maison de la rue Alexandra, Victor Granholm, est maintenant journaliste à l'hebdomadaire *The Northern Times;* il en profite pour prendre une photo de l'artiste affichant un échantillon cassette du nouveau microsillon.

L'été prend fin avec un voyage au Lac Saint-Jean, plus précisément à Dolbeau, où Demers offre un spectacle plein d'énergie, entremêlant comme d'habitude les accents de jazz et de blues. En dépit d'une assistance limitée, il réussit à plaire et à conquérir des oreilles inconnues; il vend plusieurs disques et cassettes. Puis, du 22 au 26 octobre, il retourne en France dans le cadre du Festival de Caen qui réunit une intéressante brochette d'artistes franco-ontariens, dont Robert Paquette et ses musiciens ainsi que Jean Marc Dalpé et Marcel Aymar dans *Cris et Blues*. Le spectacle de Demers a le même effet là-bas qu'ici en Ontario français : «Je crois que la foule a accroché de la même façon que celle de Sudbury ou d'Ottawa. Il s'agissait surtout de jeunes, peu nombreux en raison d'une publicité défaillante, qui ont vite embarqué et qui ont même demandé des rappels», confie Paul Demers à la revue *Liaison* du 15 janvier 1991.

Le microsillon : critique et premiers sons de cloche

Dans le numéro précédant du magazine culturel de l'Ontario français, en date du 15 novembre 1990, Paulette Richer signe une critique du fameux microsillon **Paul Demers**. Elle se dit étonnée de la «qualité» et de «l'excellence» des sonorités ainsi que de la variété du contenu :

«Non pas que Paul Demers ne soit pas soucieux de qualité ou qu'il n'offre pas, en spectacle, un mélange de styles, du pop-rock aux blues, du zydaco aux ballades. Je suis étonnée parce que je sais à quel point Paul Demers a eu de la difficulté à amasser tous les sous nécessaires à l'enregistrement d'un bon produit... Mes oreilles ont entendu tous les genres et tous les registres de qualité. Je n'ai aucune hésitation devant le nouveau Paul Demers. Sa qualité est constante, même si les chansons ont été enregistrées dans quatre studios différents».

Autre critique, cette fois dans la revue *Clik,* édition de février 1991. Le commentaire de Claude Couillard est nuancé. Il salue l'arrivée sur le marché du microsillon, «un disque généreux qui comble maintes attentes». Sa seule réserve se situe au niveau des textes; «certains textes auraient avantage à être resserrées». Mais somme toute, l'auteur estime que Demers a maintenant en mains «une carte de visite plutôt réussie». Un constat, s'empresse-t-il d'ajouter, qui évite la complaisance, «car la complaisance, dans la fosse aux lions, ne rapporte pas grand-chose».

Pendant que Demers distribue son microsillon et digère les commentaires et les critiques les plus diverses, les dirigeants de l'Association canadienne-française de l'Ontario pressentent en l'auteur de *Notre Place* un porte-parole de choix pour une vaste campagne de consultation qu'ils s'apprêtent à mener auprès de la population franco-ontarienne. C'est André Nadeau, journaliste et communicateur bien connu de la région d'Ottawa, qui réussit à convaincre Paul Demers d'accepter la présidence d'honneur de cette entreprise. Il lui promet que la tâche sera légère et que, physiquement, ce ne sera pas trop exigeant... Comme argument ultime, il affirme tout simplement au chanteur «qu'il faut absolument que ce soit lui». Mais Demers décline. Ce n'est que lorsque Nadeau revient à la charge que le chanteur accepte finalement cette présidence d'honneur, celle du Comité d'orientation du Sommet de la francophonie ontarienne.

Si Demers a d'abord refusé, c'est qu'il doit diriger toutes ses énergies et tous ses efforts vers la métropole québécoise pour capitaliser sur la récente sortie de son microsillon. «C'est impossible de percer le marché québécois si l'on ne t'y voit pas. Je me vois très bien jouer dans des bars comme les Foufounes électriques : jouer à plusieurs reprises parce que le bouche à oreille est important», affirme-t-il au journal *Le Nord.* Mais voilà qu'il est président d'un regroupement d'artistes et président d'un Sommet de la francophonie. De quoi modifier ses plans. Et il y a aussi son état de santé qui l'oblige à bien doser ses activités et à préserver le plus d'énergie possible... Mais le sens de l'engagement et la responsabilité envers sa communauté l'emportent.

«Pour ne plus avoir la langue dans les poches»

Dès que Paul Demers accepte l'invitation de l'ACFO, celle-ci lui rend hommage en baptisant la consultation «Notre place... aujourd'hui pour demain», titre évidemment extrait de la fameuse chanson. Le 9 octobre 1990, l'ACFO annonce que Demers jouera un rôle de premier plan à titre de porte-parole officiel. On le cite :

«J'ai hésité lorsque l'Association canadienne-française de l'Ontario m'a approché pour ce rôle. Mais on m'a assuré que le comité bénéficierait de toute l'autonomie voulue pour entreprendre une consultation objective et que ce serait les francophones de l'Ontario qui définiraient eux-mêmes leur avenir et choisiraient les priorités».

En la personne de Paul Demers, les responsables de l'ACFO croient fermement avoir trouvé un «symbole franco-ontarien de succès artistique». On estime que sa participation incitera tous les francophones de tous les milieux, y compris les jeunes, à s'engager. Le chanteur préside donc un Comité d'orientation composé de sept personnalités représentatives de la communauté francophone de la province; cette équipe encadrera la mise en oeuvre de la consultation provinciale. Au total, on s'attend à consulter pas moins de 6 000 personnes d'ici le mois de juin 1991. Le processus débute par une rencontre d'une centaine d'associations et de regroupements francophones provinciaux, à Toronto, en novembre 1990. Puis un sondage est envoyé à quelque 4 000 francophones de l'Ontario entre la mi-novembre et la mi-décembre. Durant l'hiver, la consultation provinciale prend la forme de six forums régionaux ouverts à tous les francophones de la province. Enfin, le point culminant de cette grande consultation se traduit par un «sommet de la francophonie» tenu à Toronto en juin 1991.

Paul Demers aime bien le programme d'activités qui est proposé. «Pour la première fois dans leur histoire, les francophones de l'Ontario auront l'occasion d'influencer leur avenir. Il faut ajouter aussi que le moment ne pourrait être mieux choisi. Alors que le Canada tout entier se cherche une nouvelle identité, les francophones seront en train de définir la place qu'ils veulent occuper demain», déclare-t-il.

Au début de décembre 1990, Paul Demers signe une lettre largement diffusée en province, dans laquelle il exhorte les Franco-Ontariens et les Franco-Ontariennes à participer au processus de consultation. Dans le tout premier paragraphe, il se remémore le Grand Gala de la Loi 8, où «pas un seul francophone avait la langue dans sa poche, (où) tous avaient les yeux tournés vers l'avenir, mais avec un coeur qui, lui, se rappelait les longues batailles et les moments de frustration, on sentait qu'on avait enfin une place : la nôtre». Plus loin, après avoir fait allusion à l'auteur québécois Yves

Beauchemin, qui avait qualifié les francophones à l'extérieur du Québec de «cadavres encore chauds», Demers soutient que si le Grand Gala de 1989 a été un outil de rapprochement sans pareil, la consultation provinciale sera le principal instrument de développement. Et pour cette raison, il s'adresse au «vrai monde» :

«Vous qui n'êtes pas membre d'une quelconque association, vous dont le silence a été pris pour acquis pendant trop longtemps, c'est votre opinion qu'on veut. Au bout de la ligne, c'est la seule qui va compter... D'ailleurs, c'est la principale raison pour laquelle j'ai accepté la présidence d'honneur du Comité d'orientation... parce que c'est pour le vrai monde. Moi, je suis un artiste; je chante et je compose des chansons. Je le fais en français par fierté, par conviction, par amour : Pour mettre les accents là où il le faut, faut se lever, il faut célébrer... C'est le temps de bien des choses, mais ce n'est surtout pas le temps de mettre notre langue dans nos poches!».

En fait, si Demers consent à s'engager de la sorte et d'une manière aussi intense, soit en signant lettres sur lettres, communiqués sur communiqués, en se livrant à des entrevues radiophoniques ou télévisées, en participant aux rencontres et colloques régionaux, c'est qu'il sent plus que jamais, en tant que chanteur et en tant qu'homme jouissant d'une certaine visibilité dans le milieu, que les artistes ont un rôle bien particulier à jouer. Il l'explique ainsi : «Culturellement, les artistes ont tout commencé dans les années 1970. Ils nous ont fait réalisé que l'on était pas une minorité dispersée, puisqu'une fois réunie, nous devenons une majorité». Voilà donc la conviction sur laquelle repose l'engagement de Paul Demers.

Un début de tournée fragile :
«il donne tout ce qu'il a»

Cet engagement ne l'empêche pas de donner une série de spectacles dans le Nord, et ce, malgré un état de santé qui dicte avant tout le repos, la bonne alimentation, la vigilance et la méditation. Sa tournée s'effectue au cours de l'hiver et quiconque a voyagé en province, quiconque s'est aventuré sur les routes du Nord, quiconque a pratiqué le métier d'artiste en tournée, celui-là sait toute l'énergie qui doit sans cesse être regénérée. Tourner dans le Nord n'est jamais une sinécure. Géographie et démographie exigent de se déplacer sur d'énormes distances entre chaque spectacle, entre chaque ville, chaque village. C'est le lot du chanteur populaire; il doit se promener, se promouvoir, embaucher des musiciens, répéter et jouer un peu partout, souvent dans des conditions peu idéales. Demers le sait; il le fait depuis le début de sa carrière.

Sa tournée le conduit d'abord à Timmins, Sault Sainte-Marie et Wawa. Il se rend aussi à Thunder Bay pour la première consultation présommet et en revient avec une sévère grippe. Passant par Hearst avant de gagner Kapuskasing, il s'arrête pour consulter un médecin. Son état de santé est tellement mauvais qu'il doit passer la nuit à l'Hôpital Notre-Dame. Mais pas question de laisser tomber ses deux concerts à Kapuskasing, d'abord au centre culturel puis à la Cité des jeunes où il n'a pas remis les pieds depuis sa toute première visite dans le Nord, en 1978. Grippé ou pas, mal en point ou non, pas question de faire faux pas à son public. Et il a raison puisque le public aura droit à un artiste à «l'âme à la fois forte et fragile, pleine de générosité, de loyauté et d'honnêteté», selon *Le Nord de Kapuskasing*. Le journal ajoute :

«Un peu plus de deux cents personnes sont sur les lieux, fidèles admirateurs du temps de Purlaine comme nouveaux. Demers ne déçoit pas. Il sait puiser jusqu'au fond de ses tripes une énergie peu commune. Le public le lui rend bien. (...) En dépit de ses traits étirés, Demers semble soudainement en proie à un regain de vie insoupçonné. Ne donnait-il pas déjà tout ce qu'il avait? Il bouge constamment comme si le fait d'avoir soufflé dans son harmonica lui aurait donné une surdose d'énergie. Le numéro terminé, il se retire un peu, prend une gorgée d'eau bien méritée. Il en a besoin; il est à bout de souffle. Mais il reprend le collier en s'avançant au micro : *Tout le monde pense que je viens du Nord. Le Nord a changé ma vie, c'est vrai, mais en réalité je viens de l'Outaouais. Lorsque j'étais au secondaire, j'ai rencontré beaucoup de gens qui venaient du Nord. Plus tard, j'ai épousé une fille qui venait du Nord. Dans le temps, je m'étais dit que j'irais dans le Nord...* On le devine, Demers se lance dans une autre interprétation de sa célèbre chanson».

À Hearst, c'est un public de 300 personnes qui l'accueille. Il offre une soirée qui prend des airs de grandes retrouvailles. Ils sont plusieurs à se rappeler les mélodies, à les chantonner, à se laisser emporter, à taper des pieds et des mains. *Le Nord* souligne encore une fois la magie du spectacle : «il a parlé à l'auditoire comme s'il s'était entretenu avec un vieux copain (...) doucement et avec candeur». Pour Pierrette Mercier, de Hearst, sans aucun doute parmi l'une de ses plus fidèles admiratrices et amies, cette dernière tournée avait des couleurs d'adieu. Impression et analyse bien personnelles, certes, mais une perception qu'elle explique par le contenu du spectacle dont les médias ont fait état. C'est dire jusqu'à quel point la santé fragile de l'artiste inquiète le public.

Vivre avec le cancer :
«s'accrocher à la vie»

Après sa tournée on ne peut plus épuisante, Demers est l'invité de l'émission *Le lys et le trillium*, diffusée en direct le 13 mars à La Chaîne de TVOntario. Le thème de l'émission est vivre avec le cancer. Jamais auparavant, en public du moins, Paul Demers n'aura parlé aussi directement de sa maladie. Il ne sera pas seul à le faire puisque trois autres invités sont aussi de la partie. L'animatrice Jacqueline Pelletier tend la corde et c'est sans pudeur que Demers répond franchement. Il explique avoir mis beaucoup de temps à vouloir même parler de son cancer et à partager sa souffrance. «J'avais peur que cela nuise à ma carrière. Maintenant, si d'en parler peut aider quelqu'un, je ne le crains pas».

Les impératifs du Hodgkin, avoue-t-il, n'auront pas été sans causer des stress et des difficultés au niveau du couple. «Depuis dix ans, ce sont les montagnes russes. Mais je me suis accroché à la vie». Demers explique ensuite qu'il a fini par accepter la présence du cancer mais qu'il ne l'a pas fait comme s'il s'agissait d'une sentence de mort. Pour mettre toutes les chances de son côté, il a visité régulièrement un psychothérapeute et s'est lancé dans un tas de lectures. Puis il s'est donné «des projets de vie» : sa carrière, son album, ses chansons. L'animatrice lui demande alors s'il entrevoit la scène comme un exercice thérapeutique. «Oui, c'est une échappatoire, une motivation», de répondre le chanteur.

Grâce à cette émission et aux messages publicitaires télévisés qu'il enregistre pour le compte de la consultation populaire, grâce aussi à la tournée qu'il vient de terminer et aux nombreux reportages qui entourent les rencontres présommet, l'image de Paul Demers est extrêmement visible dans la communauté. Mais sa carrière, elle, demeure statique. Il a l'impression de faire du sur-place comme un cycliste que tous les compétiteurs dépassent sur la piste d'un vélodrome. Son engagement dans la communauté ne lui fait pas oublier sa carrière et son rêve de conquérir Montréal. L'artiste en lui demeure plus fort que le politicien, bien qu'il doive pour le moment conjuguer les deux également. Entre les consultations régionales et le sommet, il reprend donc ses activités artistiques : lancement par la Société Radio-Canada (CJBC-Toronto) d'un microsillon d'artistes franco-ontariens, premier congrès de l'Association des professionnels de la chanson et de la musique franco-ontariennes, atelier de chanson et deux spectacles au Festival Jeunesse (17-20 mai 1991), rencontre soulignant le vingtième anniversaire de l'École secondaire Champlain, qu'il a fréquentée au début des années 1970. Donc pas de répit avant le Sommet de la francophonie qui prend l'affiche à Toronto du 7 au 9 juin.

Toronto, juin 1991
Sommet de la francophonie

À 20 heures 15, à l'Université de Toronto où se tient cette rencontre dite déterminante pour la francophonie ontarienne, Paul Demers revoit les notes de l'allocution qu'il doit prononcer devant les quelque 400 délégués de tous les coins de la province. Il sait qu'il est sur le point de prononcer un discours percutant qui passera à l'histoire par la qualité et la fermeté de son propos plein d'urgence et de lucidité. Les yeux et les oreilles de la francophonie sont rivés sur lui lorsqu'il prend la parole :

«Suite à l'échec de l'Accord du lac Meech, en juin dernier, les francophones de l'Ontario vont assister, comme le mentionnait le Premier Ministre du Canada, monsieur Brian Mulroney, et je cite : *à une profonde remise en question du Canada tel qu'ils le connaissent, de ses structures et de ses institutions politiques.* La francophonie ontarienne ne pouvait donc pas rester indifférente à la possibilité qu'on puisse même songer à définir un nouveau Canada sans qu'elle ait eu la chance d'exprimer sa vision de ce Canada renouvelé, et de faire connaître à l'Ontario et au Canada ce qu'elle considère comme le seuil minimum acceptable, c'est-à-dire les bases sur lesquelles ce nouveau Canada, s'il devait survivre, devrait obligatoirement reposer».

En véritable apôtre de la cause, Demers fait état des enjeux. Sa verve est sans équivoque. Ce qu'il propose, c'est de «faire le point sur nos priorités et de redéfinir nos principales orientations, en fonction d'un contexte politique en mutation (…) de manière à maintenir et développer une francophonie ontarienne vivante et dynamique». La consultation *Notre place… aujourd'hui pour demain* a su mobiliser les forces vives de la communauté : «des personnalités des milieux de l'éducation, de la culture et de la politique, des entrepreneurs, des juristes, des intervenants socio-communautaires, des jeunes, des femmes, des aînés, des Franco-Ontariennes et Franco-Ontariens de souche comme d'autres francophones d'origines culturelles variées, tous ont répondu à l'appel et ont participé activement aux délibérations lors des colloques régionaux et des groupes de travail qui se sont tenus, un peu partout en Ontario, entre février et avril derniers. Ces francophones ont été unanimes quant à la nécessité de revoir le Canada d'aujourd'hui et de revoir le fonctionnement de ses institutions; ils ont aussi été unanimes quant à la place qu'ils souhaitent y occuper... celle de citoyennes et de citoyens à part entière». Demers présente la volonté d'une communauté de vivre en harmonie dans une relation fondée sur le respect des droits humains, sur le respect des différences.

Il reste pourtant encore de nombreux défis auxquels la communauté doit faire face. Pour vivre en français en Ontario, en 1991, poursuit l'orateur, il faut nourrir le «désir têtu de faire évoluer les choses et son temps tout en transcendant les limites mêmes de l'Ontario et du Canada. C'est s'ouvrir aux autres et partager avec 120 millions de parlants français un espace culturel où l'uniformisation n'a plus sa place». Paul Demers demeure lucide; même si la langue constitue l'élément clé de la francophonie, son avenir passe aussi et surtout par l'économie. «Quand on n'a pas les moyens économiques de la soutenir, la culture risque vite de devenir un concept vide».

À ce moment-ci de son discours, il se tourne vers le ministre des Affaires constitutionnelles, Joe Clark : «Monsieur le ministre, la francophonie ontarienne telle que nous la connaissons est l'aboutissement des revendications des générations successives de Franco-Ontariennes et de Franco-Ontariens. (...) Après 125 ans, les francophones de l'Ontario doivent encore quémander leurs droits les plus élémentaires. C'est inacceptable. Soyez assuré, monsieur le ministre, que nous n'abandonnerons jamais nos droits. (...) Il n'appartient pas au Québec seul de redéfinir la Confédération; il existe toujours un Canada français où l'Ontario occupe la première place en nombre. Un demi-million d'individus qui marchent la tête haute, fiers de leur histoire et de leurs racines; nous sommes en droit de demander, nous aussi, si nous avons une place à l'intérieur de ce pays. (...) Nous ne voulons plus vivre par procuration! Ce qui nous distingue et ce qui nous unit, c'est la conviction que nous ne pouvons plus attendre; il y a urgence et nous avons foi en notre avenir. La crainte, c'est de douter de soi-même». Paul Demers lance ensuite quelques flèches au premier

Paul Demers et sa fille ou «Zydaco pour Magali».
Photo : Fernand R. Leclair

ministre de l'Ontario, Bob Rae, qui brille par son absence. Il l'invite à faire preuve «d'audace et de leadership dans les meilleurs délais». Puis il conclut que «le développement de la francophonie ontarienne ne doit pas reposer uniquement sur la capacité d'une poignée d'individus ou sur quelques programmes gouvernementaux, mais doit s'appuyer sur l'ensemble des forces vives de l'Ontario français. (...) Il nous faut, ensemble, déterminer les orientations, se tailler une place que l'on veut nôtre et celle que l'on veut laisser à nos enfants».

Ces paroles ont un effet immédiat sur Joe Clark qui déclare avec enthousiasme que Paul Demers vient de prononcer *son discours*. Toutefois, comme il fallait s'y attendre, la réponse ministérielle n'est finalement qu'un acte de foi envers la Loi sur les langues officielles et la dualité linguistique «qui n'est pas utopique». En dernière analyse, c'est le discours de Demers qui donne le ton au Sommet. Le journaliste André Girouard, du *Voyageur* de Sudbury, écrira qu'«un jeune et un artiste a joué un rôle très important; il a présenté, dans son discours d'introduction en particulier, une image de fermeté, de combativité qui s'est répercutée à travers le congrès».

Le Sommet vient de consacrer le porte-parole le plus authentique de toute la communauté. Demers est conscient que dorénavant on ne pourra plus le voir ni l'entendre sans l'auréole franco-ontarienne. Il est surtout conscient d'avoir aidé la communauté à se brancher, à devenir plus que jamais solidaire, à faire preuve d'une grande maturité. Et il est enchanté d'avoir été un instrument, même mineur, dans cette démarche.

La place de Paul Demers

*Au plan humain, la culture est un enracinement sensoriel
et psychologique dans le milieu occupé par une communauté...*

*Au plan temporel, la culture s'enracine dans l'histoire
passée et présente de la communauté et de ses membres...*

*Au plan spatial, la culture s'ancre d'abord dans la famille et
l'école; elle s'enrichit ensuite de l'expérience d'une oeuvre
commune sur le plan local, régional, national et international...*

Au plan de l'action, la culture est une dynamique en mouvement permanent...

*Au plan de la création, la culture produit par ses acteurs,
dont les artistes sont le fer de lance, des oeuvres qui forment,
reforment et précisent son identité.*

*La culture est aussi une émotion de l'artiste, émotion du public,
émotion de l'appartenance à la communauté.*

RSVP! Clefs en main, septembre 1991

Paul Demers, authentique auteur-compositeur-interprète franco-ontarien, incarne bien ces définitions de la culture. Sa carrière artistique est autant le fruit de son environnement que de sa propre volonté, un cheminement dont les répercussions sont irrémédiablement inscrites dans l'inconscient collectif franco-ontarien qui, même après vingt ans, commence à peine à créer et à rendre compte de son propre imaginaire. Paul Demers aura participé à cet effort. Non seulement a-t-il rêvé au chanteur qu'il allait devenir, il est devenu un artiste, un vrai, un chanteur adulé par un public fidèle. Il ne s'est jamais dérobé; il a porté fièrement le flambeau et est devenu le porte-voix d'une culture à laquelle il s'identifie totalement, de laquelle il se réclame totalement. Que ce soit à Hearst, Toronto, Ottawa, Montréal, Paris ou en Louisiane, Paul Demers est toujours fier d'être Franco-Ontarien. Pourtant, il n'est pas de souche franco-ontarienne. Il est né de l'autre côté de la rivière des Outaouais, à Gatineau, où il a grandi et où, après plusieurs années passées à Ottawa, il est retourné vivre avec les deux femmes de sa vie : son épouse et sa fille.

Paul Demers admet volontiers qu'il est «devenu» Franco-Ontarien et le présent ouvrage ou *document'art* le démontre clairement. Son contenu a tracé les jalons d'une carrière, d'une vie, d'un engagement, ceux d'un homme devenu l'artiste franco-ontarien incontesté qu'il est aujourd'hui. Les fidèles admirateurs et les nouveaux *fans* ont découvert un jeune homme aux talents certains et à la verve peu commune, mais aussi un être que la vie a durement hypothéqué d'une grave maladie. «Le combat individuel de Paul Demers est analogue à celui du créateur franco-ontarien dans son ensemble et, jusqu'à un certain point, une métaphore de la culture franco-ontarienne en général». Voilà ce que j'écrivais dans *Le Nord* du 9 mai 1990. Pour certains, ce propos ou constat a paru tiré par les cheveux. Mais lorsque L'Interligne m'offrait la possibilité de documenter la carrière artistique de Paul, je pressentais l'occasion de prouver ce constat.

J'ai vu et entendu Paul Demers pour la première fois au mois de mai 1978, lorsque j'étais élève de treizième année à l'École secondaire Cité des jeunes de Kapuskasing. Il avait alors tenté, seul à la guitare, d'impressionner 200 jeunes qui n'avaient jamais entendu parler de lui. Mes souvenirs de ce spectacle sont épars et pour le moins confus. Nous étions assis sur les estrades, loin du chanteur, trop loin. Pour scène, il n'avait que le plancher du vaste gymnase. Peu importe, je trouvais que Demers jouait bien de la guitare, qu'il chantait juste, qu'il sonnait tantôt comme Robert Paquette, CANO ou Zachary Richard, qu'il interprétait fort bien les chansons de Gilles Valiquette. Mais ça n'avait pas cette énergie rockeuse, cette rythmique qui nous faisait tant vibrer à l'époque.

Ce n'est que quelques mois plus tard, une fois devenu étudiant au Collège universitaire de Hearst, que j'ai revu Paul Demers, cette fois comme fer de lance du groupe Purlaine. À l'époque, Hearst foisonnait de jeunes artistes créateurs et impétueux, gens de théâtre et de musique comme Donald Poliquin, Alain Grouette et companie. Il régnait alors une atmosphère et un esprit uniques, un *feeling* qu'on ne retrouvait nulle part ailleurs dans les villes et villages de la région. Ma découverte du Nord, univers de créativité et d'émotion, coïncide avec la naissance de Purlaine à Hearst, en 1978. Quand Paul Demers parle de l'effet de sa première rencontre avec l'ancienne tête d'affiche franco-ontarienne que fut André Paiement, je comprends et je ressens très bien ce qu'il tente d'expliquer. Au fil des rencontres et des spectacles, j'ai probablement ressenti les mêmes frissons. Alors a grandi en moi l'intuition aux rêves d'écriture et de création qui anime toujours mes ambitions de vie.

Je ne m'en cache pas. J'aime beaucoup Paul Demers. J'admire son talent; mieux encore, j'aime l'être qui ne fait qu'un avec l'artiste. Paul Demers est un homme honnête, intègre et loyal. J'aime les hommes et les femmes qui font preuve de ces qualités alliant courage, vision et détermination. Car il faut être courageux pour faire preuve d'honnêteté; il faut avoir de l'intégrité pour demeurer loyal et déterminé dans sa vision. L'intégrité de Paul Demers a son écho dans une génération qui, du reste, cherche toujours son authenticité auprès d'artistes capables de la rejoindre. Il sait toucher l'inconscient collectif franco-ontarien et, partant, s'allier la fidélité inconditionnelle du public. La merveilleuse histoire de son microsillon témoigne de l'impact qu'il a eu auprès de ses *fans* qui ont contribué pas moins de 8 000 $.

La fonction de l'artiste est de susciter et de communiquer à la fois une réflexion, un émerveillement, une ouverture d'esprit, une intuition, une inspiration, un goût de l'exploration, une ferveur de la quête, une recherche et une authenticité. L'art et l'artiste témoignent incommensurablement de cette irréprochable quête de lucidité qui vient enrichir les expériences individuelles et collectives et qui, conséquemment, viennent donner et ajouter un peu plus de sens à l'implacable et incontournable quotidienneté de nos vies. Auteur-compositeur-interprète, Paul Demers fait tout cela : il donne un peu plus de sens à chacune des existences qu'il est amener à toucher. Son oeuvre d'artiste, sa vie d'homme et son engagement indéfectible envers la cause franco-ontarienne en sont les preuves les plus éloquentes. L'oeuvre et l'action de Paul Demers font vibrer la sensibilité franco-ontarienne parce qu'elles sont un écho aux aspirations de la communauté. Et cet écho retentit aux quatre coins de la province : à Hearst, à Sudbury, à Windsor, à Ottawa. L'artiste a choisi la chanson pour véhiculer sa pensée. Quel meilleur médium – avec ses myriades de possibilités qui se présentent par la multiplicité des tons, des accents, des rythmes, des voix – pour traduire et affirmer non seulement l'existence mais l'expérience franco-ontarienne! Quel médium efficace et magique que la musique pour rendre compte des états d'âme d'une communauté, de ses contentements et excitations, de ses mystères et réalités plus immédiates!

Plusieurs musiciens prétendent avec justesse que la pratique de leur art les a aidés à évaluer et à comprendre l'importance ainsi que la valeur du moment présent. Toute oreille véritablement attentive ne doit-elle pas effectivement écouter la musique au présent et apprendre à goûter le plaisir de telle note ou tel accord placé dans un espace sonore bien précis? Pourtant, la chanson est plus qu'une mélodie. Il y a un texte qui interpelle, qui est tantôt prière, mythe ou cérémonie, tantôt écho, promesse ou engagement. La chanson, comme toute autre forme d'art, exprime la nécessité intérieure de ses acteurs, en expose les valeurs et en transmet les idéaux. Elle reflète le quotidien en constante évolution et constitue un relais énergétique qui unit les consciences en sollicitant la raison et l'émotion tout à la fois. Même lorsqu'elle n'est qu'un croquis ou un instantané, la chanson propose des pistes, des sentiers, des chemins, des directions à suivre pour appréhender la réalité.

Paul Demers, en véritable artiste qu'il est, sait tout cela d'une manière organique. Sans jouer à l'intellectuel, il arrive à allier l'amour du spectacle à une conscience politique et à un engagement profond envers ses semblables. Il nourrit sans relâche un souci de transmettre ses expériences et sa vision du monde, en français, en Ontario. Ce faisant, son oeuvre reflète la diversité et la vitalité franco-ontariennes, surtout ses rêves et ses espoirs. Elle constitue une jonction de différentes inspirations créatrices, nord-américaines comme québécoises ou françaises, mais certainement franco-ontariennes. La thématique sociale et politique de l'Ontario français est présente dans ses textes, tels des battements de coeur, des cris de vie. Son imaginaire ne se limite pas pour autant au seul discours engagé. Il traite de tout et exprime la multiplicité des résonances qui l'habitent et qui le font vibrer. Parce qu'il refuse d'oeuvrer en vase clos, il aime que les gens se reconnaissent dans ses chansons. Voilà pourquoi il essaie «d'écrire des textes simples qui ne vont pas passer au-dessus de la tête des gens». Il veut émouvoir, toucher les gens. «À quelque part, tu exprimes les autres qui ont des préoccupations semblables aux tiennes», déclare le chanteur. Il n'est jamais frondeur et ne se fait pas provocateur. Il n'a rien d'un tordeur d'âme. S'il doit remuer, il préfère le faire via la tendresse. Ses chansons reflètent les hauts et les bas d'une existence, d'une gamme variée de sentiments, d'inquiétudes, de joies, de peines, d'ambitions, d'observations et de réflexions. Si les textes sont simples, il ne s'agit pas de cette simplicité naïve et banale du profane mais celle d'un verbe direct et d'un esprit qui se veut juste.

Demers clame la nécessité de l'engagement dans *Un jour j'irai dans l' Nord*, *Notre place* et *Grey Owl*; il chante l'amour avec *Dors si tu peux*, *En stéréo et en couleurs*, *Ce soir, je pense à toi*, *L'espace d'un soir* et *Rêveries*; il s'inspire du thème des saisons avec *L'envolée*, *Les Blues d'automne* et *Le souffle de l'automne*; il parle d'espoir et de dépassement avec *Quand tu blues*, *Mademoiselle*, *En attendant demain*, *Laisse les autres*, *Elle avance*, *Tout oublier* et *On grandit*; il crie son goût de vivre avec *Chanter par coeur*, *Zydaco pour Magali* et *Éteins la lampe*; il évoque la mort avec *Chanson inachevée* et *Le temps de l'oméga*; il fait écho à l'ennui et au cafard avec *Crépuscule*; il parle de son métier avec *Chanson pour finir*; il se fait même conteur avec *Une bouteille de vin*, *Sam* et *Le train du soir*. Paul Demers enrobe ces textes de divers habits musicaux, depuis le son éclaté du genre fusion jusqu'à l'énergie subtile et cuivrée des accents du jazz, en passant par le reggae jamaïcain, le rock américain, le blues, le western et le country. Il ne se laisse pas piéger dans un style répété à outrance; il ne se cantonne pas dans une même chanson, en dépit du fait qu'il traîne depuis longtemps ses *tounes* dans ses valises.

Paul Demers a choisi d'être artiste créateur franco-ontarien avec tout ce que la condition «minoritaire» comporte de métissage culturel (exprimé dans les styles variés de sa musique) et de contrainte socio-économique. Ses premiers dix ans de carrière correspondent à une des plus pénibles décennies de la chanson d'expression française, tant québécoise qu'européenne. Vouloir faire oeuvre d'auteur-compositeur-interprète francophone dans les années 1980, en Ontario, c'est immanquablement se réduire à l'insécurité financière et à la conception romantique du pauvre artiste crève-la-faim. Quand on a du talent et qu'on vit avec le cancer, on peut se passer de telles conditions. Malgré cela, il s'en trouvera pour dire que le chanteur, comme d'autres Franco-Ontariens d'ailleurs, a versé dans l'engagement par opportunisme arrêté et calculé. Un tel reproche ne peut aucunement s'appliquer à Paul Demers. Son engagement ne date pas d'hier; loin d'être récent, il se situe dans le prolongement naturel d'une pensée et d'un idéal en constante progression. Déjà, en 1977, lors du congrès provincial de l'ACFO tenu à Cornwall, il s'associe au Théâtre d' la Corvée pour une intervention saisissante où, cagoule noire sur la tête, traînant le drapeau franco-ontarien en effigie, il simule une procession funèbre... à la recherche d'un nom et d'une identité. Puis, dès le début des années 1980, Demers fait une des sorties les plus émotives de sa jeune carrière en exhortant les participants au Contact franco-ontarien à «acheter franco-ontarien», à faire confiance aux artistes et aux créateurs de l'Ontario français. S'il y a une chose dont on ne peut douter chez le chanteur franco-ontarien, c'est bien son engagement inébranlable. La place de Paul Demers en Ontario français va de soi. Pour s'en convaincre davantage est-il nécessaire d'évoquer une manifestation organisée par une centaine d'élèves de l'École secondaire Jeunesse-Nord, à Cochrane? À l'automne de 1991, ils ont séché leurs cours et sont descendus dans la rue pour revendiquer leurs droits linguistiques... tout en fredonnant la chanson *Notre place*. Quelques semaines plus tard, à Hearst, les étudiants du Collège universitaire démontrent encore plus tangiblement que la place de Paul Demers existe bel et bien. Le soir du 21 novembre 1991, le chanteur est l'invité d'honneur au nouveau pub du collège que la gent étudiante a baptisé... NOTRE PLACE.

Pour Paul Demers, l'existence sera toujours une question de survivance. Sa carrière d'artiste créateur, son cas d'homme luttant pour la vie, son engagement comme Franco-Ontarien en témoignent largement. La place qu'il occupe en nous est celle où il veut toujours vivre et vibrer, en toute simplicité. À cet endroit coule une source que nous cherchons tous et toutes, une source où nous voulons sans cesse nous abreuver. Cette source, c'est la vie. Et près de cette source, Paul Demers se tient humblement, bien droit, à sa place, celle qui lui revient. Il nous tend une coupe.

La place de Paul Demers, c'est aussi la nôtre.

Les chansons

Choix de quelque vingt chansons, écrites entre 1973 et 1989, présentées en ordre chronologique

Paul Demers, Sylvain Lavoie, Yoland Houle et Pierre Côté lors de l'enregistrement du disque audio-numérique. Photo : Jules Villemaire.

Grey Owl

La neige tombe
Sur la rivière
Le ciel est sombre
C'est l'hiver

Rouge du coeur
Clair de peau
Homme des bois
Homme de peaux
Le Nord, c'est ta vie
Par lui, tu survis
Et avec ta mort
La légende naît

La neige tombe
Sur la rivière
Le ciel est sombre
C'est l'hiver

Homme de vieilles terres
Fatiguées
Nouvelles frontières
L'amitié
Et ta destinée
Est déjà dessinée
Tu t'éteindras
Chez toi dans le bois

Éditions Poloden, 1973
SOCAN, 1979

Un jour j'irai dans l' Nord

Un jour j'irai dans l'Nord ma noire
Un jour j'irai dans l'Nord (bis)
Un jour j'irai dans l'Nord ma belle
Mets ton casque de poils
Pis sers celui de laine
Un jour j'irai dans l'Nord ma noire
Un jour j'irai dans l'Nord

Un jour qui fera bien clair ma noire
Un jour qui fera bien clair (bis)
...

J'ai des amis poètes dans l'Nord ma noire
J'ai des amis poètes (bis)
...

J'ai une ventricule dans l'Nord ma noire
Pis l'autre dans l'Outaouais (bis)
...

Dans l'Nord y'a plein d'espoir ma noire
Dans l'Nord y'a plein d'espoir (bis)
Dans l'Nord y'a plein d'espoir ma belle
Mets ton casque de poils
Pis sers celui de laine
Un jour j'irai dans l'Nord ma noire
Un jour j'irai dans l'Nord (bis)

Dans l' Nord ...

Éditions Poloden, 1979
SOCAN

Chanter par coeur

C'est ma troisième tasse de thé
Le soleil me chauffe les pieds
De l'autre côté de la fenêtre
Un après-midi d'automne

J'ai le goût de chanter
Chanter du coeur
Chanter par coeur

Arrêtons de se prendre au sérieux
Pour un ami ou deux
On se sentirait peut-être un peu mieux
Qu'on soit ensemble

J'ai le goût de chanter
Chanter du coeur
Chanter par coeur

Le temps va trop vite
Oui, je le sais
À l'arrêter on renaîtrait
Le passé est mort
Vive le passé
Qu'on soit ensemble

J'ai le goût de vivre
Chanter du coeur
Chanter par coeur

Éditions Poloden, 1979
SOCAN

En attendant demain

Assis sur un lit
Qui n'est même pas le mien
Je n'ai plus d'argent
J'ai juste toi qui me retient
Vide ma tête, j'en ai besoin
En attendant demain

L'orage passera
En attendant demain
En attendant demain

Dormez bien mes amis
Car demain cette folie
Touche à sa fin

Assis dans une chambre
Que je ne connais même pas
Je ne peux pas dormir
C'est trop fort
Je pense à toi
La tête pleine de musique

Éditions Poloden, 1979
SOCAN

Éteins la lampe

Éteins la lampe, viens te coucher
Mets du bois dans le poêle
Ferme la clef comme il faut
Viens-t-en, on va rire

On va aller voir l'eau
Taper du pied sur les rapides d'en haut
On va rire
On va aller voir la grenouille faire d' la drave
Sur son radeau de quenouilles
On va rire

Éteins la lampe, viens te coucher
Mets du bois dans le poêle
Ferme la clef comme il faut
Viens-t-en, on va rire

On va aller voir
Les aurores faire une gigue sur les nuages du Nord
On va rire
On va aller sculpter des arbres
À coups d'hâche, à coups d' sueurs, viens-t-en
On va rire

Éteins la lampe, viens te coucher
Mets du bois dans le poêle
Ferme la clef comme il faut
Viens-t-en, on va rire

Texte et musique : Guy Lizotte
Arrangements : Paul Demers
Éditions Poloden, 1980
SOCAN

Ce matin

Je me suis levé ce matin
Plus de bonne heure que d'habitude
Y'a des rumeurs que les rimeurs
Se rencontrent au jardin des solitudes

Pour parler à la lune
Ou bien la regarder
Pouvoir l'apprivoiser
Comprendre l'essentiel

Je me suis levé ce matin
Absent d'inquiétude
J'ai osé lever la tête
Pour briser mon ennui

Pour parler à la lune
Ou bien la regarder
Pouvoir l'apprivoiser
Comprendre l'essentiel

Éditions Poloden, 1982
SOCAN

Dors si tu peux

Dors si tu peux mon amour
Dors si tu veux dans mes bras
Tu as tout donné
L'automne est passé
L'hiver peut arriver
On s'y fera

Il nous reste plus qu'à attendre
La venue du printemps
Repose ta tête
Quelques secondes

On cherche trop souvent
Ce qui se trouve près de soi
Comme si c'était caché
Derrière la lumière du soleil

Dors si tu peux mon amour
Dors si tu veux dans mes bras
Tu as tout donné
L'automne est passé
L'hiver peut arriver
On s'y fera

Bientôt on partira
La terre promise, on se la donnera
Bientôt on partira
Pour le soleil

Éditions Poloden, 1982
SOCAN

Le temps de l'oméga

Amenez-moi là où il est permis
De s'asseoir et de penser
La ville m'endort
Mon corps murmure
Sa fatigue et son ennui

Doucement le temps me pousse doucement
La terre est une balle
Doucement, je vois l'horizon

Marche tout droit, surtout n'hésite pas
Le temps de l'oméga ne passe qu'une fois
T'as marché longtemps tu me dis
Mais l'éternel c'est l'infini

Doucement le temps s'arrête... doucement
La terre est une balle
Doucement je vois l'horizon

Éditions Poloden, 1982
SOCAN

Coulson P.M.

Les projecteurs du nu s'allument
Dans le rouge vif des bières
Les accoudés aux tables fument
La rengaine des faits divers
Une musique langoureuse se glisse
Parmi serveuses et pourboires

Il est midi à l'heure du burlesque

Le coin des lèvres se mouillent
Des vêtements qui tombent sur la scène
Les seins rock 'n' roll s'agenouillent
Devant les prières du désir
Les bouches boivent les cuisses
S'enivrent de femmes et de chair

Il est midi à l'heure du burlesque

Les sarcasmes crachent
Et rythment le blues des hanches
Sur le tapis en poil blanc
Tombe le parfum des faux corsages
Le regard des bas de nylon
S'éteint dans le ventre de l'immolée

Il est midi à l'heure du burlesque

Les gestes usés reflètent dans le miroir
Les baillements de la jouissance
Les projecteurs du nu s'éteignent
Dans les coulisses du plaisir
Les yeux cernés du strip
S'endorment alors que tout s'éveille

Il est midi à l'heure du burlesque

Texte : Louis Lavoie
Musique : Paul Demers
Éditions Poloden, 1982
SOCAN

Mademoiselle

Mademoiselle, mademoiselle
Il y a une larme sur votre joue
Elle est toute grosse de peine
Le saviez-vous?

Vous regardez le ciel
Comme on attend la sonnerie du téléphone
Vous laissez tomber de petits morceaux de coeur
Sur chaque nuage
Ce sont ancres inutiles
Pour arrêter un oiseau d'acier
Pour arrêter le temps

Mademoiselle, mademoiselle
Le temps est sur l'avion
Il prend son café
Comme tout le monde

Texte : *Mademoiselle*, de Jean Marc Dalpé
(**Les murs de nos villages**, Sudbury, Éditions Prise de Parole, 1980)
Musique : Paul Demers
Éditions Poloden, 1984
SOCAN

Sam

Voici l'histoire vécue d'un homme gentil
Qui empruntait d' l'argent à tous ses amis
Le remettait tout le temps au deuxième lundi
«Thanks for the cash, I made it big!»

Il jouait sa vie, il jouait aussi ses amours
Dormait la nuit, il buvait le jour
S'habillait de blanc comme chez lui en Californie
Comme il avait fait toute sa vie

Manquant d'argent
L'idée lui vint de voler
Toutes les Caisses pop
Et les banques de son quartier
Laissant une note disant «merci»
Ça lui aidait à garder un bon crédit

Marchant tout seul sur la rue Rideau
Deux policiers lui mettent dans le dos
S'est défendu tant qu'il a pu
Depuis ce jour, on ne l'a jamais revu

Le juge n'était pas si gentil
Lui donna dix ans sans lui dire merci
Depuis ce temps il pense à tous ses amis
Dix ans c'est long sans tes amis

C'était l'histoire vécue d'un homme gentil
Qui a joué sa vie, joué ses amours
Si vous jouez, si vous buvez
Une bonne journée la chance va rire de vous

Éditions Poloden, 1985
SOCAN

Les blues d'automne

J'ai les blues d'automne
Et des feuilles mortes
Le vent d'octobre frappe à ma porte
J' m'envolerais au-dessus des nuages
J'irais quelque part prendre le large

Des fois on voudrait être ailleurs
Comme si ça pouvait aller mieux
Des fois on voudrait être ailleurs
Mais j' peux plus bouger d'ici
Depuis que tu es partie

Comme une fleur qui cherche le soleil
Je voudrais faire fondre la neige
Comme un film qui ne veut plus finir
Je cherche une sortie dans la nuit

Des fois on voudrait être ailleurs
Comme si ça pouvait aller mieux
Des fois on voudrait être ailleurs
Mais j' peux plus bouger d'ici
Depuis que tu es partie

J'ai les blues d'automne
Et des feuilles mortes
Le vent d'octobre frappe à ma porte
J' m'envolerais au-dessus des nuages
J'irais quelque part prendre le large

Éditions Poloden, 1985
SOCAN

On grandit

Pour le meilleur, pour le pire
Chacun guide son navire, au loin...
On grandit
Jour de soleil, jour de pluie
La route se poursuit, au loin...
On grandit

Comment redire ce qui a déjà été dit
Cette omniprésence au fond de moi
Comment redire ce qui a déjà été dit
Cet amour que j'ai pour toi

Comment aimer
Sans jamais connaître la solitude
Prédire notre heure
Ou notre malheur
Envers et contre tous
Chacun joue son meilleur show

Comment te dire ce qui a déjà été dit
Cette omniprésence au fond de moi
Comment te dire ce que je t'ai déjà dit
Cet amour que j'ai pour toi

Éditions Poloden, 1985
SOCAN

En stéréo et en couleurs

Je ne connais rien de l'or
Ou des diamants
Je ne sais rien de ces gens
Mais je me demande bien
Pourquoi on chante
Le même refrain
Qu'on soit d'ici ou d'ailleurs

Y'a juste une chose de sûre
Plus ça va et plus ça dure
Y'a juste une chose de sûre
On s'aime, on s'aime, on s'aime...
En stéréo et en couleurs

Plus ça va et plus c'est pareil
Qu'il fasse nuit ou bien soleil
Qu'on soit à New York ou à Paris
Qu'on soit d'ici ou d'ailleurs

Y'a juste une chose de sûre
Plus ça va et plus ça dure
Y'a juste une chose de sûre
On s'aime, on s'aime, on s'aime...
En stéréo et en couleurs

Plus ça va et plus c'est pareil
Plus ça va et plus ça dure
En stéréo et en couleurs
En stéréo et en couleurs

Texte : Paul Demers
Musique : Paul Demers et François Groulx
Éditions Poloden, 1985-1986
SOCAN

Tout oublier

Je ne veux plus m'en aller
La fenêtre est close
Ce soir j'ose rester
Passer la nuit
Je ne peux plus résister
Je t'ai dans ma peau
Il faut tout oublier
Pour une nuit

Tout oublier
Pour quelques secondes
Tout oublier
Le restant du monde
Ce soir on va pouvoir
Se laisser aller

Je ne veux plus m'en aller
J'ai fermé à clé
Ce soir je veux rester
Passer la nuit
Je me perds dans tes yeux
Je tombe de haut
Au fond de ton lit

Quand dans la nuit de ta vie
La lune ne se lève plus
Quand la distance ou l'ennui
Font place à l'oubli
Pense à moi

Texte : Paul Demers
Musique : Paul Demers, François Groulx
Éditions Poloden, 1987
SOCAN

Quand tu blues

Quand tu blues
Regarde en avant
Suis ta route
Regarde en avant

T'as cru à la ville
La ville t'a trahi
T'as cru à l'amour
Mais t'es tout seul dans ton lit
Ça fait rien
La nuit nous appartient

Ton âme te fait mal
Les nuits sont trop longues
T'as l'impression de vivre ta vie
À l'ombre de ton coeur
Ça fait rien
Verse-moi un autre verre de vin

On s'ennuie, on s'endort
Le blues nous mord
On s'enfuit, on s'entête
On se sent
Comme si on a plus rien à perdre
Ton âme te fait mal
Les nuits sont trop longues
T'as l'impression de vivre ta vie
À l'ombre de ton coeur
Ça fait rien
La nuit nous appartient
Jusqu'au matin

Texte : Paul Demers
Musique : Sylvain Lavoie, Paul Demers
Éditions Poloden, 1988
SOCAN

Elle avance

Elle vit sa vie de charmes et de sueurs
Les yeux fermés, l'âme ouverte
Malgré tout ce qu'on a pu dire d'elle
Elle ne regarde jamais derrière

Parce qu'elle avance, elle tente sa chance
Quand tout s'arrête, elle recommence
Parce qu'elle s'en fout, rend les autres jaloux
Quand tout s'écroule, elle recommence
Elle avance... elle avance

Elle donne son corps comme on donne des fleurs
Les yeux fermés, le coeur ouvert
Malgré tout ce qu'on a pu dire d'elle
Elle ne regarde jamais derrière

Parce qu'elle s'en fout, rend les autres jaloux
Quand tout s'arrête, elle recommence
Parce qu'elle avance, elle tente sa chance
Quand tout s'écroule, elle recommence

Y'a des jours j'ai peur de la voir tomber
Y'a des jours j'ai froid pour son coeur

Elle avance... elle avance

Elle vit sa vie comme une comédie
Les yeux rieurs, le coeur moqueur
Et quand il faut recommencer
Elle ne regarde jamais derrière

Elle s'en fout... elle s'en fout...

Éditions Poloden, 1988
SOCAN

Zydaco pour Magali

Les plus belles femmes
Sont en Louisiane
Les plus belles femmes
Sont en Louisiane
De Grand Mamou à Lafayette
Mais mon p'tit coeur
Y bat pour toi, ma belle

Oh! Oh! Oh!
Oh Magali
Qu'est-ce que tu fais ici dans ce pays
En Ontario, ma p'tite chérie
Parce que les plus belles femmes
Sont en Louisiane

Merci mon Dieu pour Magali
Parce qu'elle habite ici
Dans mon pays
J'aime encore mieux ma Magali
Malgré toutes les belles femmes de la Louisiane

Éditions Poloden, 1988
SOCAN

Notre place

Pour ne plus avoir
Notre langue dans nos poches
Je vais chanter
Je vais chanter

Que tu viennes
De Pointes-aux-Roches ou d'Orléans
Je vais chanter
Je vais chanter

Pour mettre les accents là où il le faut
Faut se lever, il faut célébrer
Notre place
Aujourd'hui pour demain
Notre place
Pour un avenir meilleur
Notre place
Oui donnons-nous la main
Notre place
Ça vient du fond du coeur

Que tu viennes de Lafontaine
Ou de North Bay
Je vais chanter
Je vais chanter

Afin de pouvoir nous rapprocher
D'ici jusqu'à Fauquier
Je vais chanter
Je vais chanter

Texte : Paul Demers
Musique : François Dubé
Éditions Poloden & Éditions Dubémol, 1989

Table des matières

Introduction 9

Des premiers balbutiements
à la conscience d'une identité 11

Des premiers pas jusqu'à Purlaine (1979-1980) 21

«Mon corps murmure» (1981) 49

«Pour le meilleur, pour le pire» :
vers la chimiothérapie 63

«Au jardin des solitudes» (1984-1986) 71

«La route se poursuit au loin» (1987-1988) 87

«Pour l'espoir» (1989-1991) 99

La place de Paul Demers 117

Les chansons 123